ERMINIA PASSANNANTI

Poesia civile ed esistenza singolare ne "La partenza", di Franco Fortini

BRINDIN PRESS

Saggio di analisi testuale

Erminia Passannanti
Poesia civile ed esistenza singolare ne "La partenza", di Franco Fortini

Prima edizione Brindin Press 2011

Saggio originariamente incluso in Erminia Passannanti, *Essay Writing, Lyric Diction and Poetic Translation in the Work of Franco Fortini* (University College London, PhD Theses Archive 2004) © Erminia Passannanti 2004.
Anche in Erminia Passannanti, *Scrittura saggistica, dizione lirica e traduzione poetica nell'opera di Franco Fortini, Brindin Press*, 2004, sec. ed. Joker 2011)© Erminia Passannanti 2011.

Questo saggio ha conseguito il Primo Premio alla Rassegna di Poesia e Saggistica "Franco Fortini", 2012. Associazione Poiein.

ISBN: 978-1-4716-0198-9

Brindin Press: Salisbury, England, UK.

Finito di stampare nel febbraio 2012.

La partenza

Ti riconosco, antico morso,
ritornerai tante volte e poi l'ultima.

Ho raccolto il mio fascio di fogli,
preparata la cartella con gli appunti,
ricordato chi non sono, chi sono,
lo schema del lavoro che non farò.
Ho salutato mia moglie
che ora respira nel sonno
sempre la vita passata,
il dolore che appena le ho assopito
con imperfetta, di sé pietosa, atterrita tenerezza.
Ho scritto alcune lettere ad amici
che non mi perdonano e che non perdono.
E ora sul punto di dormire un dolore terribile
mi morde come mille anni fa
quando ero bambino e lo chiamavo Iddio,
e Iddio è questo ago del mondo in me.

Fra poco, quando dai cortili l'aria fuma ancora di notte
e sulla città la brezza capovolge i platani,
scenderò per la via
verso la stazione dove escono gli operai.
Contro il loro fiume triste, di petti vivo,
attraverso la mobile speranza che si ignora e resiste,
andrò verso il mio treno.

INTRODUZIONE

"Letterato per i politici, ideologo per i letterati": nella *Prefazione* del 1973 alla seconda edizione di *Dieci inverni* (Bari, De Donato), Fortini riassume così l'immagine corrente che di lui circolava nel decennio seguito alla chiusura del *Politecnico* (1947-1957). Ma proprio di quell'anno, 1973, è la prima ampia monografia a lui dedicata, il "Castoro" di Alfonso Berardinelli (*Franco Fortini*, Firenze, La Nuova Italia, 1973), mentre nell'anno successivo, 1974, per la cura di Pier Vincenzo Mengaldo esce negli "Oscar Poesia" di Mondadori l'antologia *Poesie scelte (1938-1973)*.

Sul piano della ricezione critica, si tratta di un passaggio fondamentale, per l'autorevolezza e lo spessore degli interventi: la figura complessiva di Fortini – critico, poeta, traduttore, polemista - per un verso si viene arricchendo e articolando su più piani, per un altro è il poeta ad assumere sempre maggiore rilievo, con netta discontinuità rispetto al passato. Nello stesso 1974 *Questo muro,* la raccolta dei versi scritti tra il 1962 ed il 1973, confermerà, per la critica più avvertita, l'importanza del lavoro poetico di Fortini, che poi con *Paesaggio con serpente* (1984) e *Composita solvantur* (1994) acquisirà un profilo di primo piano nell'ambito del secondo Novecento.

Accanto ai ritratti che mirano a restituire la personalità di Fortini nel suo insieme, sempre più, a partire dagli anni '80, appaiono studi dedicati a singoli aspetti dell'opera: le raccolte, le traduzioni, i saggi, questi ultimi influenti su più di una generazione di intellettuali e militanti. Alcuni momenti decisivi scandiscono l'interpretazione del percorso fortiniano: il capitolo dedicato a Fortini nell'antologia *Poeti italiani del Novecento* di Mengaldo (Mondadori, 1978), il libro di Romano Luperini *La lotta mentale. Per un profilo di Franco Fortini* (Editori Riuniti, 1986), quello di Remo Pagnanelli (*Fortini*, Transeuropa, 1988); ma la bibliografia della critica diviene sempre più folta, in un quadro in cui tanto le interpretazioni ideologicamente agguerrite che quelle di taglio accademico portano contributi spesso di grande valore (ricorderò almeno, qui, i nomi di poeti-lettori di rango come Raboni e Zanzotto), via via sgretolando gli stereotipi ed i pregiudizi. Dopo la scomparsa (1994), si apre una fase ulteriore, di assestamento e ripensamento: il discorso si allontana, inevitabilmente, dalle coordinate culturali entro cui, negli anni precedenti (e con forte riflesso degli stessi orientamenti di Fortini), si era sviluppato il dibattito, spostando l'attenzione su un livello più specificamente letterario, in cui vengono approfonditi i temi della metrica, della lingua, dello stile in generale.

A questa fase appartengono gli studi selezionati per il Premio Fortini, che prendono in esame un testo poetico di particolare pregnanza, *La partenza*, in cui il piano autobiografico si articola secondo modalità di stampo allegorico, com'è tipico dell'autore. Il modello del commento consente di perseguire analisi che dal particolare conducono all'orizzonte più ampio dell'opera, ed è di grande interesse poter confrontare gli esiti delle diverse letture, come avviene nelle pagine che seguono.

Senza entrare nel merito, si può osservare che Erminia Passannanti, vincitrice del primo premio di questa rassegna per la sezione "Saggistica", si distingue per la maggiore consapevolezza dei nessi interni all'opera di Fortini, in senso lato (per i numerosi e densi riferimenti al saggista), ma anche per quanto attiene più propriamente al discorso poetico: la Passannanti, oltre a cimentarsi con l'interpretazione dei versi fortiniani ormai da diversi anni (rammento l'ampio lavoro sulla *Poesia delle rose*), è poeta di vaglia, e non stupisce pertanto la sua capacità di tradurre gli elementi linguistici entro una cornice complessa, che si avvale di una ravvicinata indagine di ordine psicologico-esistenziale.

Luca Lenzini

ERMINIA PASSANNANTI

Poesia civile ed esistenza singolare ne "La partenza", di Franco Fortini

Premessa

Fortini e la poesia *engagée*

"Ah, la lingua combatte dove il dente duole."
L'ospite ingrato, Frag. 161.

Fin dai primi decenni post-bellici, all'indomani dell'esperienza traumatica del ventennio fascista, ogni progetto di interventismo culturale implicò l'assunzione, da parte dello scrittore, della coscienza di un mandato sociale politico, nozione mantenuta dai neorealisti, ma che decadde nel momento stesso in cui dalla fine degli anni Settanta in poi, l'avvento delle nuove teorie sul postmoderno, introdotte dall'opera di Lyotard, *La condizione postmoderna* (1979), fece vacillare anche in Italia l'illusione dell'adeguatezza di un'aggregazione ideologica e culturale delle diversità e delle polifonie presenti sul territorio nazionale ed estero. Si destabilizzò, con essa, la nozione stessa di "engagement" letterario. Nessun privilegio per il poeta, nessuna idealità della letteratura: con questi presupposti, Fortini affrontava chi si facesse promotore di una letteratura elettiva "tout court". Hanno intento civile e politico i volumi come *Agonia di Natale* (1948), *Dieci inverni* (1957) e *Sere in Valdossola* (1963) e le raccolte *Foglio di via* (1946) – che comprendono numerose liriche della speranza futura come “La città nemica”, “Italia 1942”, “A un’operaia milanese”, “Coro di deportati”, “Valdossola”, “Canto degli ultimi partigiani”, “Manifesti” – e *Poesia e errore*, centrata sulla disillusione post-resistenziale degli anni della Guerra fredda, come si legge in “E quando ci sarà restituita”, “Le stagioni”, “Non è molto lontano”, o nell’ode “Tu guardi e vedi”. Come si rinviene nell’opera di altri scrittori contemporanei di Fortini, che rendono testimonianza del Fascismo e della guerra, come Vittorini, Primo Levi, Renata Viganò e Pavese, si tratta di testi che ripercorrono l’esperienza di quegli avvenimenti spesso nei modi del memoriale con una onestà di fondo nei confronti del “vero” storico. Tuttavia, in Fortini, nelle stesse raccolte citate, si trovano insieme politica della poesia ma anche metapoetica, come comprovano alcuni testi quali “Quel giovane tedesco”, in cui Fortini unisce messaggio artistico ed opinioni critiche sulla funzione della poesia. La poesia di Fortini è, dunque, forma di un contenuto altamente complesso: non l’espressionismo di Rebora, Sbarbaro o Campana, ma una traccia delle loro soluzioni; non l’ermetismo estetizzante di Luzi o il soggettivismo disilluso di Saba, ma una critica a questi loro temi e modi; del sentimento del tempo ungarettiano, che svela la presenza dei morti nell’opera dei vivi, Fortini addita l’instabilità, eppure ne manifesta l’influenza; infine, trascendendo la linea postsimbolista Montale-Luzi e Montale-Zanzotto, Fortini si volge ad un uso allegorico della parola poetica, incentrato su una dimensione dialogica inter/extraculturale, capace di porre domande e sollecitare risposte, come nota Luperini ne *La lotta mentale*: “A di là di essa, rispunta Fortini. Poteva sembrare un attardato, ed era un precursore. Comincia appena ora il suo momento: in questo nostro medioevo in cui si logora la possibilità del simbolo e forse rinasce, ancora, quella dell'allegoria."[1]

Oltre che con le grandi voci poetiche e filosofiche, Fortini dialoga con l'uomo comune del suo tempo, come si legge in una poesia del 1955, "Complicità" della sezione "I destini generali", inclusa nella raccolta *Poesia e errore*:

> Per ognuno di noi che dimentica
> c'è l'operaio della Ruhr che cancella
> lentamente se stesso e le cifre
> che gli incisero sul braccio
> i suoi signori e i nostri.
>
> Per ognuno di noi che rinuncia
> un minatore delle Asturie dovrà credere
> a una seta di viola e d'argento
> e una donna d'Algeri sognerà
> d'essere vile e felice.
>
> Per ognuno di noi che acconsente
> vive un ragazzo triste che ancora non sa
> quanto odierà di esistere.

Il testo fa riferimento ai reduci dai campi di concentramento, assunti come operai della Ruhr, agli scioperi contro il regime di Franco e alla lotta partigiana in Algeria iniziata nel 1954 per la riconquista dell'Indipendenza politica dalla Francia. Il soggetto politico è rafforzato dalla ripetizione non solo della frase

---

[1] Romano Luperini, *La lotta mentale*, Editori Riuniti, Roma 1986, p. 18.

"per ognuno di noi" all'inizio di ciascuna delle tre stanze di "Complicità", ma dall'uso del pronome "noi" come elemento corale. E tuttavia, nel "Mandato degli scrittori e fine dell'antifascismo", Fortini così giustificava le sue riserve verso ogni ruolo assegnato al poeta come garante del discorso pubblico:

> Alcuni vi hanno scorto una sorta di dimissione dal cosiddetto "impegno" o, peggio, di ripiegamento opportunistico mascherato da una postura retorico-eroica. Non so quanto servirebbe rammentare che il termine "regressivo" non voleva avere un significato soltanto negativo. Può essere interamente negativo solo per chi creda che tutto debba essere subordinato al primato della lotta immediata. Bisognerebbe allora riprendere il discorso da principio e tornare a spiegare attraverso quali mediazioni la poesia, anche grazie ai suoi caratteri "regressivi", può essere un momento decisivo di quella totalità "uomo" (naturalmente, nella sua specificazione sociale, di classe ecc.) che è oggetto del momento politico.[2]

Il brano indica come i rapporti tra gli uomini si facciano rapporti fra merci e ne attribuisce la responsabilità storica anche ad un nuovo ceto sociale d'intellettuali e di artisti falsamente impegnato, in realtà, assimilato ai meccanismi dell'industria culturale, i quali concedono solo l'inganno della spontaneità. Fortini vi contrapponeva quell'ideale di "intellettuale dissidente", che oggi contraddistingue la sua critica e la sua poetica, come condizione di non omogeneità con i condizionamenti imposti dalla classe borghese e dalle

---

[2] Fortini, *Verifica dei poteri*, p.9.

culture egemoni. Il discorso che muove dalle liriche di *Questo muro* (1973) raggiunge *Paesaggio con serpente* (1984) attraverso l'arco del decennio 1973-1984, epoca in cui inizia a farsi strada la crisi storica del comunismo che porterà, nel 1989, alla caduta del muro di Berlino. Poesia e politica, dunque, nel senso più autentico e pieno.

Un forte dubbio circa la capacità della poesia di offrire soluzioni al presente è espresso da Fortini in quasi tutta la sua produzione lirica, a partire da *Foglio di via*. La nozione di "errore" nei suoi versi sta ad indicare l'ambiguità di aspirazioni quali il *desiderio* o la *speranza*, errore che tuttavia l'autore non vede disgiunto, ma unito ed in perenne conflitto con la sfera ideale che la poesia lirica vorrebbe prospettare. Il titolo della raccolta *Poesia e errore*, pubblicata nel 1959, fa espresso riferimento all'osservazione di Noventa secondo cui il principio di ogni errore consisterebbe nell'illusione di una perfezione originaria dell'uomo. Alla luce dell'inattendibilità di ogni principio di verità, Fortini criticherà anche Adorno per non avere compreso che l'ambito prettamente sociale in cui opera la poesia (e, con essa, tutte le arti) ha come tragico esito il suo asservimento alla "tavola dei potenti". Il concetto di *fallibilità* del cammino umano si ripresenta in una definizione che Fortini ha offerto del comunismo:

> Il comunismo in cammino [altro non esiste] è dunque un percorso che passa anche attraverso errori e violenze tanto più avvertite come intollerabili quanto più chiara sia la consapevolezza di che cosa siano gli altri, di che cosa noi si sia e di quanta parte di noi costituisca anche gli altri. Comporterà che uomini siano usati come mezzi per un fine che nulla garantisce invece che, come oggi avviene, per un

fine che non è mai la loro vita. Ma chi sia dalla lotta costretto a usarli come mezzi, mai potrà concedersi buona coscienza o scarico di responsabilità sulla necessità e la storia. Dovrà evitare l'errore, angelistico, di un perfezionamento illimitato: ossia di credere che l'uomo possa uscire dai propri limiti biologici e temporali. Con le manipolazioni più diverse quell'errore ha già prodotto e può produrre dei sotto uomini o dei sovrauomini; ossia questi su quelli.[3]

La connotazione fortemente ideologica di queste opposizioni, esemplificata dall'accostamento di termini quali "errore/perfezionamento" (opposizioni destinate a diventare epigrammatiche nell'opera di Fortini), spiega il ricorrere del termine "errore" nell'infratesto fortiniano, che compare oltre che negli scritti saggistici anche in testi poetici dagli stessi esplicitati nessi discorsivi, quali "Il comunismo" (*Una volta per sempre*, 1963*)*. Si può supporre che l'opposizione, ad esempio, dall'antitesi "poesia/errore" rappresenti per Fortini un'elaborazione del concetto goethiano di "poesia/verità".

Negli anni Sessanta e Settanta, la tematica della frattura in atto nella relazione popolo-nazione quale "dissoluzione irreparabile" di un popolo, è centrale tanto all'opera di Pasolini e Fortini, quanto a quella dei loro contemporanei Pagliarani, Roversi e Leonetti o Pasolini. Passione e ideologia in equilibrio dialettico, secondo la definizione di Pier Paolo Pasolini, rappresenterebbero, quindi, l'essenza stessa della ricerca poetica di Fortini, che, a partire da *Una volta per sempre*, stabilisce relazioni intertestuali di confronto e scontro, ma, a dire di

[3] Fortini, 'Una voce: comunismo',1990.

Fortini, non solo sul piano ideologico bensì su quello della riflessione filosofica ed esistenziale:

> Quando i critici sostengono che la mia poesia – persino quando si rivolge alle rose o parli di esse – sia di natura politica, in una certa misura sono in errore, e questa certa misura è importante. I miei versi hanno sempre l'intenzione – o l'illusione – di indicare delle coordinate (perfino quando siano nascoste in un aggettivo o in una virgola) e un punto specifico nel tempo e nello spazio, e lo fanno non unicamente per l'individuo ricco d'immaginazione, che parla in prima persona nei versi. Ho vissuto la prima metà della mia vita coltivando la convinzione che la poesia potesse opporsi, in qualche misura, alla "trionfante organizzazione dei bastardi". Non ci credo più, oggi. D'altra parte, non ho mai avuto troppa fiducia della poesia politicamente impegnata [...]. Nella penombra, cambia il senso delle affermazioni. Solamente la creazione di questa distanza da cui osservare le realtà e di un'ambiguità deliberata rende capaci di parlare della storia contemporanea e dei suoi punti di riferimento.[4]

Paolo Jachia ha fatto notare come la poesia di Fortini sia connessa ad una tensione autobiografica di tipo tragico. Questa, esemplificata nei versi de "I destini generali", ribadisce la coincidenza della storia individuale con quella di tutti gli uomini e la corresponsabilità degli uni con gli altri nel riconoscersi una dignità capace di elevare l'individuo al di sopra degli scenari della miseria umana. Luca Girardi ha invece sottolineato come il

[4] Ibidem.

nucleo poetico di Fortini riveli la persistenza perfino nell'autobiografismo ripiegato dell'ultima fase della sua vita, delle antiche sue istanze etiche: "Al di là di ogni contingente opinione o determinazione ideologica, resiste la verità più fonda di questi versi: il loro invocare una Città nuova meno inumana. [...] Fortini, dunque, poeta dell'utopia, ma di un'utopia radicata e, si direbbe, necessitata dalle ragioni dell'esistenza."[5]

Ne è esempio l'immagine modernista di "città", individualisticamente e pluralisticamente vissuta, che emerge da alcune poesie di Fortini, come "Poesia delle rose", "Altra arte poetica" e "La partenza", di cui si discuterà di qui a breve, quale *habitat* incerto nei suoi valori, alienante e dai ritimi ossessivi di una società minacciata e frammentata, a cui solo il socialismo può opporre una qualche forma di umana resistenza. Scrive Fortini:

> Il critico marxista, oggi, continuerà a rispondere che la prospettiva del genere umano è il socialismo ma saprà molto meno dei marxisti delle generazioni precedenti che cosa quella affermazione implichi; dalla grande prospettiva universale è tornato a guardare gli avvenimenti della sua nazione; si chiede che cosa possa significare socialismo per noi. Si avverte che la maggior parte delle informazioni sulla società in cui vive non gli viene dalla parte che ha scelto come propria: ma da quella avversaria. La sua resistenza all'ideologia avversaria sembra diminuire

---

[5] Luca Girardi, *Fortini*, Ungaretti, Giuseppe, 'Pensieri sulla poesia', *Il popolo*, Roma 1950.
Luca Girardi, *Franco Fortini, Versi Scelti*, 1939-1989', in *L'Indice*, 1991, n. 07.

ogni giorno e si trasforma – come sempre in questi casi – in fedeltà ai principi, cioè in regime di doppia verità.[6]

La presenza di questa "doppia verità", nella poesia di Fortini, continuerà, dunque, a generare allegorie della condizione umana anche quando fa ricorso a toni intimistici come ne "La partenza".

Analisi testuale

La poesia "La partenza", inclusa nella raccolta di Franco Fortini, dal titolo *Una volta per sempre* (1963), è espressione figurata di un progetto intellettuale seguito dall'azione concreta. Al contempo è sintomo di una crisi esistenziale tipicamente novecentesca dinanzi a dubbi paralizzanti e conflitti d'ordine quotidiano, crisi che cerca rimedio nell' 'altrove' concesso dall'impegno. Il disporsi alla partenza è inoltre segnale di una condizione antica e universale, che accomuna gli individui di ogni generazione ed epoca. "La partenza", pertanto, partecipa al tema del viaggio, metafora della vita che, da Virgilio, Dante, Boccaccio, Chaucer, attraverso il romanzo settecentesco didascalico, arriva fino alla contemporaneità tramite la poesia metafisica, come emerge anche nella lirica "The love song of Alfred Prufrock", di T. S. Eliot, dall'incitamento a portarsi verso un altrove: "Let us go, then you and I…" (*Poems*, 1920). La partenza, come *topos* letterario, inoltre, suggerisce la fuga, una situazione incerta che porta alla condizione di esodo, quando

[6] Fortini, *Verifica dei Poteri*, p.55.

l'individuo o le masse rompono un'inibizione, uscendo da qualche forma di tirannia subita, a livello mentale o reale (Gilles Deleuze). La partenza, pertanto, definisce una distanza, ed una condizione di *alterità*, che si assume, o con un atto di volontà, o per forza di cose, rispetto ad un punto di principio ed uno di arrivo. I versi de "La partenza" osservano non solo l'attualità politica e sociale, ma testimoniano una vicenda artistica di grande intensità mentale ed emotiva, espressiva del travaglio interiore di Fortini dinanzi al compito di rappresentare le mutate circostanze storiche, pur nella consapevolezza delle contraddizioni e dei limiti della poesia.

La poesia si apre con una strofe di due versi dal tono enfatico: "Ti riconosco, antico morso, / ritornerai tante volte e poi l'ultima. " Il vocativo rende il rivolgersi esclamativo del poeta al "rimorso", personificato come un visitatore che si ripresenta a tormentarlo fino al limite naturale, segnato dalla morte. Il visitatore che torna a colpire è, però, interno, ineludibile. Come Paul Èluard, Fortini si pone all'ascolto dell'inconscio per lasciare che l'immediatezza delle emozioni manifesti gli abissi della coscienza, quindi li restituisce con rigorosità lessicale. Il partire diventa una necessità, quando l'interno opprime.

La partenza si riferisce etimologicamente al movimento e alla separazione, che qui è commiato, ma solo provvisorio. Il titolo della poesia pertanto comunica al lettore un'escursione verso una dimensione di movimento, dunque epica. La forma con cui la poesia è organizzata fa dell'interprete l'osservatore di due ambientazioni contigue, o scene in successione, di cui il poeta è attore: l'una collocata in un interno domestico con stanza da letto e studio, e l'altra, una via, immaginata in un esterno cittadino di cui il poeta conosce bene caratteristiche climatiche e distanze, come di un paesaggio noto, percorso e ripercorso.

Nel breve spazio del suo svolgimento, la poesia “La partenza” presenta al suo interno un’accurata sistemazione delle categorie tempo/spazio, dandosi come storicamente connotata e, dunque, testimone dell’attualità. Analizziamo innanzitutto le scansioni temporali in relazione al tema conduttore: rispetto al momento del discorso, Fortini crea una considerazione retrospettiva del passato, dotata di spessore storico, che addolora e affligge la mente (“ti riconosco, antico morso, ritornerai”). Al contempo, il testo offre, al tempo futuro, l’anticipazione di un viaggio, di cui il poeta è agente. Ciò determina nella seconda strofe un senso di segregazione e nella terza uno di apertura verso le vicissitudini implicite nel viaggio. Il testo stabilisce un’interconnessione di segmenti temporali a conferire concretezza ai pensieri che il poeta comunica al lettore, mentre stabilisce una duplicità del personaggio, prima statico (“e ora su punto di dormire”) e poi dinamico (“scenderò per la via verso la stazione”). Il passaggio sfumato dalla notte al giorno anticipa l’incamminarsi del poeta a piedi per la via ancora semideserta, andando incontro al treno da cui uscirà il fiume di petti con cui il suo si scontrerà. Questo percorso mentale segna la tensione verso un tempo di prospettive ed incognite tuttavia bene accolte. La partenza all’alba allude, dunque, ad un viaggio costruttivo, verso un progetto, in vista di alternative.

Nella prima metà del testo, i verbi sono attinenti ai campi semantici propri della critica e suggeriscono, con sostenuta scansione anaforica e linearità sintattica, la consuetudine a dir poco ostinata di redigere inventari e catalogare argomenti, giudizi, concetti, memorie: “ti riconosco", "ho raccolto", "ho preparato", "ho ricordato", "ho scritto". Lo stesso vale per il glossario che conferma il senso di una concatenazione logica, attinente alla pratica analitica, alle sue consegne, prassi e promemoria: "fascio di fogli", "cartella", "appunti", "schema", "lavoro", "lettere".

La successione di piani del componimento esibisce un procedere di destini singolari e generali, caratterizzato da contrasti drammatici. L'implicito divario tra il dentro e il fuori fa del poeta il *medium* di un'indagine della realtà rappresentata che è mentalmente immaginabile ed esperibile in modo quasi visivo. Due fasi serrano il presente in una morsa: "la vita passata" come antica tragedia in cui lo *spleen* si accresce, immobilizzando la poesia nella memoria, ed il "futuro" della realtà sociale razionale, verso il cui "treno" il poeta indica una qualche forma di speranza.

Nei primi sei versi, il poeta si autorappresenta mentre si prepara, intellettuale all'opera, al carico di promesse, obblighi e imprevisti delle sue conoscenze specifiche. Vi si prepara con la cognizione e apprensione di un individuo che si metterà presto in partenza verso le incognite della sua professione. Gli altri sono al di là, nell'agenda di impegni, densa di relazioni, senza remore dette *non* chiare e *non* semplici. Il rinvio alle lettere scritte ad amici con cui il poeta è entrato in conflitto rimanda agli incontri-scontri di Fortini sul soggetto dell'impegno e della funzione dell'intellettuale, instaurati con un ampio numero di intellettuali suoi contemporanei, primi tra questi Pasolini e Calvino.[7]

---

[7] Nel 1959, si deteriora il rapporto di Fortini con *Officina*. In una lettera, Fortini scrive all'allora ancora amico Pasolini: "C'è in me qualcosa che allontana la gente e mi impedisce l'amicizia. La cosa si

Se si conviene che la lirica porta sempre in sé il germe del pubblico diario, non sorprenderà la presenza preponderante, in questi versi, di una intenzione testimoniale, attuale ma anche retrospettiva, volta alla storia, come Io che si esponga e narri quale osservatore della propria vicenda e di quella del suo tempo, come accade in altri forme di tipo prosastico sagacemente autobiografiche frequentate da Fortini (*Sere in Valdossola*, *Diario tedesco*, *Asia Maggiore*). Quella del diario intellettuale, presentato anche in forma di memoriale o di archiviazione personale dei propri scritti, è, infatti, un genere – oltre ad una consuetudine autocritica precisa, costante e quasi assillante – su cui Fortini porrà intensità, passione ed impegno come a misurarsi metodicamente con i problemi sfaccettati, connessi all'autoimmagine per sottoporla al vaglio della critica. Potrebbe collocarsi in questa pratica ed in questo orizzonte di (auto)riscrittura infratestuale, ed *inter-genres*, l'espressione fortiniana "note per un buon uso delle rovine", posta a sottotitolo di *Extrema Ratio.*[8] Il tono è confessionale ed informa di una crisi esistenziale di cui

---

ripete negli anni con tanta regolarità che non posso imputare gli altri. Ma riuscissi a capire cos'è ed ad emendarmi. " Sui conflitti tra Fortini e Pasolini si veda F. Fortini, *Pasolini*, in *Le poesie italiane di questi anni*, *Il menabò di letteratura*, Torino 1960; cfr. anche *La contraddizione*, in *Attraverso Pasolini*, Einaudi, Torino 1993, pp. 21-37.

[8] Che "La partenza" possa essere anche letta come diario in versi ne è dimostrazione il volume *Un giorno o l'altro. (Diari e cronache 1945-1975*, che Fortini inizia a progettare nel 1977, e che verrà pubblicato postumo nel 1996, contenente oltre un ventennio di memorie, lettere, articoli non pubblicati, introduzioni ripensate, insomma appunti cartacei meticolosamente conservati nel corso della vita.

non si nasconde il disagio psicologico e spirituale. Per consonanza intellettuale ed artistica con il suo grande modello letterario, Fortini imprime nel suo testo il senso goethiano della inconciliabilità dello spirito con le tappe obbligatorie della storia collettiva, tensione morale del dovere verso gli altri, avvertita come "morso" e del dovere verso se stessi, sofferto come "ri-morso".

Rispetto agli scritti speculativi, in versi e in prosa, pertinenti alla cronologia di Fortini come intellettuale *engagée*, di altre raccolte e monografie precedenti e successive al libro in questione, *Una volta per sempre*, quali *Foglio di via ed altri versi* (1946), *I destini generali* (1956), *Poesia delle rose* (1962), *Agonia di Natale* (1948) e *Dieci Inverni* (1957) commuove, ne "La partenza", la profondità affettiva, che apre uno squarcio di vita familiare, dove la moglie Ruth Leiser, presente eppure nella poesia lontana e immersa in un sogno di fantasmi, appare compagna di un percorso esistenziale di partecipazione culturale e profonda empatia. Nell'intenzione di Fortini, "La partenza" sembrerebbe, verosimilmente, segnare il momento in cui l'individuo si separa, di fatto, ma anche simbolicamente, da ciò che è autentico (la casa, gli affetti, il silenzio rituale del consueto, lo scrivere alla propria scrivania), per immettersi in un mondo d'inquietudine e moderno artificio. E' questo un mondo lacerato dai ritmi incalzanti dell'industria e dalla freddezza dei rapporti umani sotto il segno del Capitale, vissuti come lotta e, non di rado, sofferti come alienazione. Nei versi successivi, il lettore è, dunque, posto dinanzi ad uno scenario di più intensa domesticità (vv. 7-11): è notte ed il poeta è all'interno della propria casa. L'ambientazione privata intensifica presso il lettore la partecipazione all'ansia del poeta per la moglie sofferente, che anche nel sonno ritorna nostalgica al passato, e per il proprio dispiacere, che preme come un “terribile dolore” antico. Il lessico, che fa capo al campo semantico dell’amarezza e dell’autocolpevolizzazione, contrasta visibilmente con la responsabile premura psicologica verso la moglie. La “di sé atterrita tenerezza” della tutela verso Ruth è detta eccessiva, quasi patetica, essendo ella, in parte, specchio del suo Io:

> Ho salutato mia moglie che ora respira
> nel sonno sempre la vita passata,
> il dolore che appena le ho assopito
> con imperfetta, di sé pietosa, atterrita tenerezza.
> (“La partenza”)

In questa intensità coniugale, si potrebbero trovare nessi con il Brecht del volume di liriche dal titolo, *Libro delle devozioni domestiche* (1927). Stasi privata, dunque, che dà conforto prima del movimento. Movimento che per Fortini è sempre azione politica, che immette gioco forza nel traffico delle contraddizioni e dei contrasti irrisolti dell’*epos*. Una poesia sensibile, ma con la forza del pensiero dialettico e programmatico: una lirica progettuale, saldamente “etica”, mai disgiunta dalle categorie della contraddizione, della storicità della dialettica del dialogo, e del rapporto tra gli uomini, piuttosto che con il Sacro: “quando ero bambino e lo chiamavo Iddio, /e Iddio è questo ago del mondo in me. ” Di là da venire, va ricordato, la filosofia “apologetica” dell’epoca postmoderna (Lyotard), con la sua terrea logica culturale del tardo capitalismo (Jameson), con il nichilismo “morbido” (Luperini), ed il pensiero debole

(Vattimo), che negli anni Novanta indussero Fortini a scrivere *Composita Solvantur*.

Oltre a riproporre il tema dell'imprescindibile responsabilità civile del "partire" verso una meta operativa, che implica prendere decisioni, assumere posizioni, intraprendere progetti, il testo appare densamente infratestuale nei suoi rimandi, essendo insito nel concetto di partenza anche un eventuale "ritorno" dell'assillo morale nelle forme e nei generi impiegati da Fortini, sempre presenti nella sua poesia e saggistica. Il raccogliere "fogli" di giudizi, riflessioni, comunicazioni, piani di lavoro per l'imminente partenza, che presentano una condizione quasi "tecnica" della funzione poetica, sta ad indicare, oltre al resto, quello che Guido Mazzoni, nel suo volume *Sulla poesia moderna* (2005), ha definito un "recupero dell'oggettività" nel monologo drammatico della poesia antilirica di autori come Brecht, che velano la "dizione lirica con schemi ironici o con forme di straniamento paradossale, che accentuano l'immediatezza della confessione soggettiva" (p. 189). Mazzoni così commenta tale coincidenza del poeta con un personaggio drammatico, "che disvela in pubblico il senso del proprio destino" (pp. 192-193). Il tema che fa simultaneamente da perno al testo "La partenza" è, vale ribadirlo, quello del viaggio non solo reale, ma metaforico, della scrittura come partenza con un fine solo apparentemente conoscibile. Si tratta di un metadiscorso, teso ad indicare come la poesia possa essere vissuta epicamente, ed essere forma di contenuti da negoziare con i propri compagni; da cui l'immagine della "separazione" di chi parte da chi resta fermo: divisione che ogni partenza impone, e che impedisce perfino alla scrittura lirica – ponte d'intime consonanze con le sue profondità semiotiche – di penetrare nella sfera psichica dell'altro, anche quando questo sia concretamente vicino, familiare.

Nella poesia lirica italiana tra la prima e la seconda metà del Novecento, dal crepuscolarismo all'espressionismo, dal classicismo moderno attraverso Ungaretti, Montale, Pavese, Sereni, Saba, Luzi, fino alla neoavanguardia degli anni '60, coeva al testo di Fortini "La partenza", l'umanità si riflette in ogni individualità sofferente a vari gradi di tensione e stile di registro espressivo dell'esternazione del disagio privato e civile. Fortini si fa carico di tali inquietudini collettive, presentate spesso dall'ottica della passata tragedia epocale, contro lo sfondo di una natura ormai piegata alla meccanicità del mondo indutriale, come accade per i paesaggi montaliani, da cui trapela la fatica e il male di vivere nei serrati spazi cittadini. In Fortini emerge oltre a ciò anche un gramsciano rapportarsi all'uomo comune della massa, per mezzo non solo delle relazioni cameratesche, o delle affinità elettive, stabilite dal pensiero metafisico, ma del lavoro. In pochi versi, Fortini comunica un amaro senso di solitudine ed altresì la nozione che l'individualità sia costituita dall'insieme dei rapporti umani, e dall'acquisire coscienza dell'impegno verso di essi (Gramsci). Si comprendono ora meglio le ragioni per le quali, ne "La partenza", con l'attesa delle prime luci dell'alba, Fortini sciolga la taciturna solitaria ansia, che allaccia la mente insonne al proprio assillo morale, nell'attesa del tempo in cui il poeta si recherà alla stazione per entrare nel "fiume" di una folla in partenza, dantesca e al contempo metropolitana, che si spinge anonima verso un viaggio penoso eppure necessario. Nei versi, "Ho scritto alcune lettere...", il problema dell'incomunicabilità è affrontato, perché avvertito come crisi generale della parola, che coinvolge la pratica delle scritture, a partire da quella epistolare, la cui funzione comunicativa è messa a repentaglio dalla complessità dei conflitti materiali e dei rapporti sociali del capitalismo borghese. La dichiarazione giunge al verso 12simo, alla metà esatta di un componimento di 24 versi, il cui equilibrio risiede tra il dire e il fare, verbi d'azione sia sul piano reale sia della *performance* che il mondo impone.

Fortini, dicevo, accenna ad una colpa, di cui avverte morsi e pungoli, e lamenta un perdono che, non solo non si vede concesso, ma che non concede. I termini del rapporto della coscienza verso il rimorso comunicano un senso di (auto)persecuzione. Nel motivo della "colpa" (e del "perdono" non concesso) si avverte, antieroicamente, l'autoaccusa di un uomo che giudica negativamente il vedere se stesso e i propri amici fermi su posizioni inflessibili. A partire dalle poesie di *Una volta per sempre*, il *pathos* dell'essere nel mondo si svela, infatti, al lettore insieme alla difficoltà di tenere fede alla vocazione di scrittore, in un mondo della cultura dominato ormai dalle leggi dell'industria. Con questa "partenza", che appare imposta dal dovere e travagliata, storicamente realistica, ma anche allegorica, ispirata alla concezione che Brecht ebbe della letteratura *impegnata* ("dovunque ormai / è stato annunciato / che il destino dell'uomo è l'uomo") Fortini documenta il mobilitarsi della poesia *engagée* a frenare la parabola della cultura romantico-idealista. Una parabola che, tra gli anni '50-'60, vede il suo definitivo declino sotto i colpi dell'imperialismo borghese liberale in espansione globalizzata. Il testo, come si è mostrato, conferisce alla nozione d'impegno un'iniziale dimensione meditativa sensibile (il dato statico della riflessione teorica), subito seguita da un'operatività (il dato dinamico di stampo brechtiano), che attiva tensioni ("scenderò per la via", "contro il flusso", "andrò", "il mio treno"). L'impressione contemporanea di angoscia e disposizione alla lotta è data da ciò che ha sempre rappresentato per il pensiero marxista un motivo di lacerante contraddizione tra ideali e realtà, nella cultura borghese: la menzogna insita nei rapporti di scambio di cui anche la poesia è serva. La poesia di Fortini aderisce, perciò, al programma di Brecht per una letteratura che, abbandonando i privilegi del suo ceto, senza tuttavia rinunciare alla sua centralità, si adoperi a trasformare la realtà ed i rapporti tra individui nel mondo reale, attraverso la conoscenza e denuncia delle sue contraddizioni culturali, economiche e sociali. Fortini notava:

> La menzogna corrente dei discorsi sulla poesia è nella omissione integrale o nella assunzione integrale della sua figura di merce. Intorno ad una minuscola realtà economica (la produzione e la vendita delle poesie) ruota un'industria molto più vasta (il lavoro culturale). Dimenticarsene completamente o integrarla completamente è una medesima operazione. Se il male è nella mercificazione dell'uomo, la lotta contro quel male non si conduce a colpi di poesia ma con "martelli reali" (Breton). Ma la poesia alludendo con la propria presenza-struttura ad un ordine valore possibile-doveroso formula una delle sue più preziose *ipocrisie* ossia la consumazione immaginaria di una figura del possibile-doveroso. Una volta accettata questa ipocrisia (ambiguità, duplicità) della poesia diventa tanto più importante smascherare *l'altra* ipocrisia, quella che in nome della duplicità organica

di qualunque poesia considera pressoché irrilevante l'ordine organizzativo delle istituzioni letterarie e, in definitiva, l'ordine economico che le sostiene. (*L'ospite ingrato,* 1966)

Il carico dell'assunzione di un ruolo culturale pubblico, con il gravame delle sue responsabilità, ricordato dal "fascio di fogli", raccoglitore di documentazioni che il poeta vuole obiettive, è fatalmente soggetto all'errore per "l'insieme ambiguo dei desideri e della speranza" che sempre accompagna la scrittura nel suo procedere parallelamente alla vita.[9] I fogli sono simboli, se si vuole, di un idealismo di tipo hegeliano, per il quale ogni distinta realtà, o foglio, è il pensiero che continuamente si contraddice, mentre la sua globalità, il fascio, un processo di sintesi che cerca di eliminare le contraddizioni.

In questa fase di decisa partecipazione politica, Fortini ha già al suo attivo la collaborazione del 1952 al *Notiziario Einaudi*, dietro invito di Calvino, l'esperienza del 1953 come collaboratore di *Nuovi Argomenti* e *Botteghe oscure*, e quelle che vanno dal 1955 al 1957 con le riviste *Discussioni* e *Officina*. Tra le sue amicizie e conoscenze già si annoverano, oltre a Noventa, intellettuali del calibro di Pasolini, Leonetti, Romanò e Della Volpe con cui entra in collaborazione, stabilendo con ciascuno un intenso dibattito. All'epoca di questa lirica, Fortini, inoltre, ha già incontrato Brecht, a Milano, ed iniziato a programmarne la traduzione in italiano. Nel 1956, produce un volume di memorie, *Asia Maggiore*, sulla sua visita nella Repubblica Popolare Cinese al

---

9 La citazione è da un commento di Fortini a chiarimento del titolo della raccolta e del ventennio che rappresenta, *Poesia ed errore. 1937-1957*, pubblicata da Feltrinelli, nel 1959.

seguito della delegazione d'intellettuali composta da Piero Calamandrei, Norberto Bobbio, Enrico Treccani, e Cesare Mulatti, ed è, dunque, intensamente preso nei suoi impegni culturali. Questa cartella di testimonianze che si materializza nella poesia "La partenza" è, allora, il contenitore simbolico del peso dei rapporti complessi ed oppositivi, con cui la poesia *engagée* deve confrontarsi.

Col procedere del testo, ritornando alla nostra analisi testuale stanza per stanza, al 14simo verso, il lettore è invitato a calarsi in una dimensione percettiva e mentale atemporale. Su essa si chiude il riferirsi continuo ad atti di lettura formativi e catechesi ("quando ero bambino lo chiamavo Iddio"). Mentre la ragione si allontana dalle sue incombenze e dai suoi tormenti per affondare nel magma dell'inconscio, il sonno è dato come micro-apocalisse scarsamente consolatoria: Sarà tuffo nel nulla, confine dove la psiche subirà l'attacco della memoria archetipa, o soffrirà ancora e ancora il dolore delle sue ferite; e sarà simile alla morte, come dimensione che non consente al dormiente di lasciare alla storia alcun segno del suo lavoro partecipe:

> E ora sul punto di dormire un dolore terribile
> mi morde come mille anni fa
> quando ero bambino e lo chiamavo Iddio,
> e Iddio è questo ago del mondo in me.

"E ora..." reitera un tormentoso *tu per tu* del poeta con la propria coscienza. Il lettore è indotto a fare esperienza del "dolore terribile", che è detto alla base della struttura del mondo contemporaneo senza "Iddio", un dio trasformatosi in acuto spasimo ("Iddio è questo ago del mondo in me"). Questo dolore che "morde", d'altra parte, acuisce la funzione mnemonica: ripensare, riesaminare, riformulare il vissuto sul punto di dormire è la formula (ricorrente nella poesia di Fortini) di una rivolta dell'Io contro la coscienza che lo perseguita quasi fosse un'entità esterna. Non è necessariamente la fede ad essere stata smarrita, ma l'associazione di dio con il travaglio morale. La coscienza che rimorde è invero coscienza di quest'assenza nel mondo secolare, profano, che rende ogni forma e verità immutabile priva di senso. Un non-senso, dinanzi al quale è possibile solo un rifiuto rigoroso e radicale di ogni forma di autoinganno. L'alba del nuovo giorno presto sopraggiungerà ed imporrà al corpo il dinamismo necessario a dimenticare funzionalmente il rovello del giudizio morale dinanzi ai suoi dilemmi. E qui le riflessioni di Fortini suggeriscono una consonanza con quelle di Soren Kierkegaard di *Timore e tremore* (1843).

"La partenza" procede ponendo il lettore dinanzi a Fortini nel momento in cui lascia la sua casa per entrare nella veste ufficiale del suo ruolo di mediatore cultuale, molto intenso tra gli anni '50 e '60, vuoi come intellettuale impegnato nella ricostruzione dell'identità nazionale, vuoi come opinionista interprete sia dei tragici decenni appena trascorsi sia delle politiche imperanti, che ostacolano il presente, inquinando lo scontro di ideologico. Fortini ha simbolicamente tra le mani degli atti scritti scottanti, e, tra questi, i testi polemici, criticati dal Partito, quali *Organizzazione della cultura. Interpretazioni della 'intellighentsia' ungherese (Mondo operaio*) o *Proposte per una organizzazione della cultura marxista in Italia* (Ragionamenti);[10] si tratta di articoli,

---

[10] Si vedano, negli scritti di Fortini della seconda metà degli anni '50, i riferimenti alla crisi del PCI a seguito degli esiti in Italia delle rivelazioni sugli abusi di Stalin, presentate al XX Congresso de Partito Comunista Sovietico.

saggi e traduzioni, che egli porterà fuori con sé, nelle sfere spesso contenziose e ostili del dibattito culturale. Sono in preparazione gli scritti di *Verifica dei poteri: saggi di critica e di istituzioni letterarie* (1965), e *Profezie e realtà del nostro secolo Testi e documenti per la storia di domani* (1965). Sul piano dei contenuti, inoltre, il "fascio di fogli" allude alle riflessioni sulla dottrina marxista, osservata da un'angolazione critica, filtrata attraverso le opere di Gramsci, Lukács, Adorno, Barthes, Marcuse, e Goldmann. Nello spazio di pochi versi, il lettore conoscitore dell'opera di Fortini, rivede fluire gli anni tra il 1957 e il 1962, segnati da una fase di esame critico dei termini dell'impegno, accompagnata da una rinuncia alla militanza strettamente politica, a seguito del compiersi dell'esperienza con l'*Avanti!*, e della chiusura della rivista *Ragionamenti*, pur rimanendo collaboratore di *Officina*. Gli scritti di quegli anni, inoltre, si riferiscono anche alle traduzioni che Fortini andava elaborando delle opere di György Lukács e di Adorno.

Nel riferimento antilirico al "fascio di fogli" è, come ho detto in precedenza, vivo il contrasto tra l'idealismo dello scrivere versi o del tradurne e la disillusione dell'autore nei confronti delle relazioni professionali burocratiche – che qui come in altre poesie dallo stesso *mood*, quali "Traducendo Brecht", inclusa in *Una volta per sempre*, mostrano la loro falsità ed esclusiva attenzione al profitto. Ne "La partenza", vale ripetere, Fortini, biograficamente, confessa alla pagina scritta, e con il carico di un tormento quasi palpabile, i percorsi tortuosi dell'introspezione. Ripercorrendo tempi, persone e tropi del partecipare alla vita sociale, egli si interroga su impegni assunti o mancati, sue colpe presunte, mettendo in luce il problema, che avvertiva in modo particolarmente acuto, della difficoltà di un dialogo costruttivo con gli altri intellettuali, e di questi con la società civile e le istituzioni politiche. Non solo dialogo pubblico, ma anche dialogo difficoltoso con se stesso, e con il senso personale del perduto rapporto con il Dio, divenuto fondamento di una morale laica. Vale ricordare cosa inducesse in Fortini un tale tormento. Un*a volta per sempre* ne sistema e chiarisce i temi e le frequentazioni. Infatti, la raccolta prelude alla lunga stagione dei conflitti tra prospettive estetiche e politiche di cui Fortini fu assiduo frequentatore, con il conseguente compromettersi di alcuni suoi rapporti con esponenti del mondo editoriale e letterario, trasformatisi in avversari, come ricorda Walter Pedullà in *La letteratura del benessere*:

> Non sarà capitato a Fortini di rimanere prigioniero di un sistema di pensiero ermetizzante in cui l'Assoluto ha provveduto a sostituire una non meno mitica "rivoluzione"? Oltre tutto, un mondo così gerarchicamente costruito è assai meno disperante di un mondo soggetto a continui cambiamenti. [. . .] Su questa stessa linea la sua ideologia, più che un progetto irrinunciabile per ogni socialista, o "conoscenza razionale" come egli la definisce, è una profezia con cui si pone una grossa e confortante ipotesi sulla realtà, con tanto fatalismo, malgrado le dichiarazioni del contrario, da disprezzare chi si impegna giorno per giorno a contendere al nemico l'egemonia. [11]

---

11 Pedullà. *La letteratura del benessere*, Libreria Scientifica Editrice, Napoli 1968, p. 17.

Verifica dei Poteri, pubblicato a due anni da *Una volta per sempre*, espone in modo inequivocabile la tendenza critico-dialettica che Fortini nutrì verso le istituzioni letterarie. Queste sono "uffici" eventualmente responsabili dell'asservimento dell'artista ai sistemi e alle tecniche del mercato culturale, interessato solo alla proliferazione dei prodotti della società di massa.

Tornando all'analisi del testo in questione per indicare una contraddizione fruttuosa, laddove l'atteggiamento antieroico, di cui si diceva innanzi, dovrebbe condurre il poeta verso relazioni, in cui la conciliazione tra arte e industria culturale avviene adornianamente sotto un segno negativo, esso prelude utopisticamente alla rivolta della poesia contro la condizione di subordinazione al potere che abitualmente subisce. Dunque, il calarsi del poeta nella realtà, in vista di un orizzonte di liberazione e comunione con gli altri uomini, è indicato come l'elemento capace di trasformare le false condizioni della poesia nella modernità capitalistica, superabili con il viaggio o travaglio della coscienza critica. A proposito dell'elemento di comunione con l'altro, Luca Lenzini,[12] spiega:

> si vedrà che i versi fortiniani insistono sul separarsi, sullo straniarsi e allontanarsi dall'io, non sull'incontro e sulla sintonia tra esistenze distinte ma fraterne. Un approssimativo catalogo potrebbe cominciare da *Figlio di via*, dove "gli amici non riconoscono" (v. 10 della poesia omonima, continua

[12] Cfr. Franco Fortini, *Saggi ed epigrammi*, a cura di Luca Lenzini, Collana I meridiani, Mondadori, Milano 2003. L'opera antologizza ampiamente la saggistica di Fortini e contiene la Cronologia di riferimento per l'autore.

> con Boris Pasternak in *Poesia e errore*, dove si legge "sei solo, dormono spenti, o disperso, gli amici" (vv. 7-8) e dove, soprattutto, c'è una poesia *Agli amici, in cui si dice* "Ogni parola che mi giunge è addio" (v. 13) [...] e in chiave analoga, troviamo in *Una volta per sempre* [...] Ho scritto alcune lettere ad amici / che non mi perdonano e che non perdono " (*La partenza*, vv. 11-12)[13]

Fortini ricorda amaramente, ma altrettanto spesso con vena mordace ed ironica, come l'Ariosto e il Tasso dei suoi modelli classici, che la storia del mondo non è solo la storia delle tensioni tra uomini di pari condizione, ma dell'ipocrisia di ogni classe e rango quando asservita ai potenti: corrotto il mondo presente dell'azione politica, corrotto anche il poeta, se per ottenerne premi e benefici si fa specchio fedele di quel mondo, dimostrandosi inadatto ad opporvi una forza dissidente. La verità che Fortini porta in luce è che la grandezza mondana è il metro di tale menzogna. La poesia può farsi non solo complice, ma artefice della colossale falsificazione ordita dal potere. Il pensiero dissidente non deve limitarsi ad irridere la storiografia grandiosa del potere, sicché dalla sua semplice irrisione i valori morali ne sarebbero annientati, ma mostrare di avere imparato a lottare contro tale distruzione, avanzando un nuovo *ethos*. Ecco il senso ed il compito assai arduo suggerito, a mio avviso, dalla poesia sulla "partenza", laddove il poeta, non eroe, è uomo che va verso il suo quotidiano destino affrontandolo con solidarietà civile e *pietas*. La partenza è perciò metafora di un procedere che è insieme obbligo e "principio", inteso a rinnovare, prima che la storia e le

---

[13] Luca Lenzini, *Un poeta di nome Fortini*, 1999, p. 185.

idee, la condotta. Fortini, auto-rappresentandosi intensamente intento al proprio dovere, non si dice rassegnato, ma fiducioso nelle proprie idee e progetti.

In *Opus servile*, Fortini noterà come sia proprio la condizione di schiavo del regime "che perpetua la ricostituzione di un'ideologia per dirigenti" – con i falsi privilegi offerti al poeta ("vino di servi") in cambio dei suoi "aromi spirituali" – ciò che spinge l'intellettuale o l'artista impegnato ad entrare in contatto più intimo con la vera resistenza che gli è concessa, ovvero quella insita nella forma. Per contrastare l'essere assorbito nella logica dello *Status Quo*, quale mero fornitore di tali aromi, Fortini farà, dunque, ricorso alla scrittura saggistica e, contemporaneamente, ad una vasta gamma di registri e materiali poetici, quale complesso di forze critiche e possibilità formali, che egli sente connaturate al suo spirito.[14] Citando il pensiero di Hegel in *Fenomenologia dello Spirito* sulla dialettica tra servo e padrone, Fortini ricorda che, in questo suo disporsi alla creazione e diffusione di un'opera fruibile, il poeta è *servo* ed è strumento tra gli altri strumenti di dominio politico:

> Quando mi si domanda perché abbia tanto scritto e stampato, qualche risposta so darla. Quando mi si chiede perché ho scritto versi, le mie risposte non sono leali. Faccio qualche ironico riferimento alla secolare tradizione retorica del mio paese e al mio ceto d'origine. Fingo di vergognarmi. Altrimenti dovrei rispondere in forme troppo solenni, con grandiosi luoghi comuni: il soggetto diviso, il gioco

---

[14] Si veda a questo proposito la poesia "Il poeta servo", in Franco *Fortini, Una volta per sempre (Poesie 1938-1973)*, Mondadori, Milano 1963.

del riconoscimento e del rifiuto di sé, il paradosso dell'attore. Con la poesia lirica – è stato detto – si suppone di essere soli e invece sappiamo che una folla oscura ci fissa oltre le luci della ribalta. Oppure dovrei citare una delle due o tre arti poetiche in versi, che ho scritte. La meno ingannevole è forse la più teatrale e vecchia, 1953. Si intitola "Il poeta servo". Dice: "Ho preso / la mia fatica / come un peso / e la porto. // Voi che da mille anni / portate il peso del mondo / e ne ridete / e ne morite // perdonate se vado così solo / se vado lento / se non ho canto: / sono un servo / di molti padroni. // Lontani non pensano a me. / Non sanno / che li tradisco. // Non sanno / che moriranno / prima di me. // E se sparisco / l'odio il riso l'inganno / il loro il mio errore // saranno queste parole d'amore / verità senza dolore / aria libertà. "(Fortini, *Summer is not All*, dall'introduzione, 1992)

Come si evince dai brani citati, tutto, nelle scritture di Fortini, tende all'aforisma, alla massima sapienziale, all'equilibrio di pensiero e forma, e tuttavia anche nelle più cupe poesie meditative d'un tratto è possibile intravedere quel personale tono tra l'ironico ed il paradossale irrompere sulla pagina, come il distacco didattico nel teatro di Brecht.

Nel breve spazio testuale de "La partenza", denso dei temi tipici della poesia e della saggistica fortiniana, ponendo enfasi su fogli, registri, cartelle, scritture (epistolare, lirica e burocratica) e su tutto quanto conferisce senso e *non-sense* al mestiere dello scrittore, Fortini riconferma la sua fede nel materialismo storico e nella necessità d'affrontare anche in ambito culturale i problemi connessi alla lotta di classe. Idee centrali all'azione e all'ideologia del PCI di Togliatti, che per Fortini, tuttavia, dopo il '55, erano ormai inattuali, ed inquadrabili solo dalla prospettiva dissidente delle teorie della Scuola di Francoforte e del marxismo critico. Con il Lukács di *Storia e coscienza di classe* (1922), che tanta influenza ebbe anche sui filosofi francofortesi, con cui il nostro autore mantenne forti nessi, Fortini sostiene che il poeta borghese non può continuare a mascherare le contraddizioni della sua classe, ma farsene portavoce, contribuendo all'emancipazione della coscienza reificata, denunciando ciò che rende schiava l'arte ed i suoi discorsi. Ne "La partenza" vi è, allora, una direzione intrapresa, mostrata al lettore attraverso segmenti che contengono una precisa progressione a suggerire come la poesia possa darsi quale indizio di un percorso a sorreggere e giustificare i pensieri del poeta verso un futuro di condivisione. Nel volume *Una volta per sempre*, tale movimento rimane il segno più significativo della fiducia che Fortini ebbe nel mettere in relazione realtà contraddittorie, eternamente in conflitto, per verità irrisolte, mai date " una volta per sempre ". Mentre la seconda stanza di versi de "La partenza", si costituisce di unità lessicali che rimandano al campo semantico dell'angoscia, la terza stanza conclusiva, "Fra poco [...] scenderò per la via", esce dal *pathos* spettrale di un pessimismo interiore che nella notte si autoalimenta, andando incontro ed immettendosi nel "fiume" umano che si avvia verso la propria destinazione. L'ansia notturna si distende con l'entrata nel flusso sociale che rimanda alla responsabilità civile. "La partenza" si conclude con un'allusione al futuro della lotta di classe ("scenderò per la via"), che dovrà concludersi con la vittoria del proletariato, la quale aprirà la via alla crisi di valori della società borghese, offrendo una via d'uscita dal capitalismo:

> Fra poco, quando dai cortili l'aria fuma ancora di notte
> e sulla città la brezza capovolge i platani,
> scenderò per la via
> verso la stazione dove escono gli operai. ("La partenza")

L'intensità dell'impegno politico di questa sequenza di versi è notevole ed assume un registro espressivo d'apparente umiltà, quasi fosse un formale rifiuto dei mezzi e dei metodi dell'industria culturale, con la sottintesa proposta di una forma di comunicazione, se non alternativa, almeno non omologata, più diretta, volta ad incidere sulla classe sociale e culturale che Fortini, da intellettuale polemista, vuole indirettamente educare ad assumere una coscienza critica. E tuttavia, mentre specula su questioni di classe e ideologia, Fortini parla inevitabilmente anche di se stesso, esistenzialmente immesso nel flusso produttivo di gente in viaggio per la vita. Tradotto in termini politici, congeniale a Fortini fu un'idea di letteratura che facesse fronte al pregiudizio del discorso comunista sulla superiorità del realismo sociale rispetto alla vicenda solitaria dell'eroe tragico borghese, come egli spiegherà in un saggio del 1974, "Le ultime parole":

> Il discorso supremo comunista non perde mai di vista la solidarietà storica che lega amici e nemici e quindi la possibilità che il nemico sia recuperato; mutare i nemici in fratelli, come diceva Éluard. [...]

> Il discorso anarchico o tragico abbandona invece la sfera del possibile, è riaffermazione di un primato del momento etico. Non per nulla il suo modello storico è in Occidente Antigone al cospetto di Creonte.[15]

Nei versi di chiusura, "La partenza" s'apre, impressionisticamente, ad un viale di platani, che "fuma ancora di notte" e profuma di brezza. Il poeta immagina se stesso mentre vi si incammina alle prime luci del giorno, andando incontro ad una stazione satura di gente. Fra l'interiorità e l'esterno si insinua l'immagine del fiume umano, che scorre con "andate" e "ritorni", in un intreccio "mobile" di corpi di viaggiatori che partono ed operai che rientrano dal turno lavorativo in fabbrica. Anzi, nella umanità di questo assembramento, che penetra nel petto del poeta, mentre avanza verso quella che può essere semplicemente "una partenza" abituale, non c'è opposizione tra il dentro ed il fuori oltre l'atto di volontà dettato dalla "mobile speranza". Il lettore accede a tutti i nessi extratestuali possibili, tra cui le città dei viaggi di Fortini e Ruth a Londra e Parigi, tra il 1950 e il 1952, o a quello in Cina nel 1955 (*Asia Maggiore*, *Viaggio nella Cina*, 1956).

Riflettendo su questo genere di rappresentazione del contesto urbano, vedremo che è modello del lavoro infaticabile dell'intellettuale come mediatore di valori e prassi, dinanzi alle quali, come si diceva, le esigenze autobiografiche si annullano, vinte dall'impellenza ben più grande della sua partecipazione al mondo, per porre in rilievo il rapporto uno/tanti, morte/vita, lungo la via che

---

[15] Franco Fortini, *Questioni di Frontiera, Scritti di politica e letteratura.* 1965-1977, Einaudi, Torino 1977, p. 32.

porta dalla meta della propria chiusa psiche alla cruda, ma allo stesso tempo immensamente complessa, realtà esterna. Il movimento è quello di una demistificazione della città poeticamente intesa (come in Campana), che ne riporti i flussi alla stringata verità. La visione del fiume umano, quale paesaggio di metropolitano dinamismo, altro non è che la realtà che si manifesta. Il flusso di questo fiume umano è ampio: l'opposizione che si avverte nel movimento di corpi è quasi fisica. Insieme al fiume di gente in cui si imbatte verso la stazione per il quotidiano lavoro, il poeta fa esperienza diretta dei ritmi contrastanti che scuotono la modernità. Il fiume metropolitano è condizione alienante e ormai inseparabile dall'individuo, chiamato ad affrontarne le leggi del mondo della produzione. Il poeta Fortini non si limita a guardare e raccontare sulla pagina questo fiume, ma vi si immerge, lo vive, lo attraversa.

Importante sottolineare ancora una volta la dimensione dinamica del testo in analisi. Sul piano compositivo, "La partenza" è strutturata su due andamenti ritmici, lento nella seconda stanza, dove il poeta è solo con se stesso, e più aspra e veloce nella terza stanza, dove si spoglia della sua soggettività per andare incontro per strada alla dimensione corale della folla. La lunghezza irregolare del verso, con una prevalenza di decasillabi ed endecasillabi nella prima e seconda strofe, si rompe nella terza con gli ultimi due settenari, come a soddisfare un'esigenza di libertà anche formale. La gabbia metrica è spezzata a liberare il recitativo, e n'è conferma la progressiva adesione a ritmi più veloci e martellanti, a partire da *Foglio di via* (1946) e *Una facile allegoria* (1954) e poi attraverso *I destini generali* (1956) e *Poesia ed errore* (1959).[16]

Ne “La partenza”, come in altri testi della raccolta, Fortini adotta l’espressionismo linguistico per enfatizzare una realtà drammatica, presentandolo ora come lamento ora come critica del ventennio che queste poesie descrivono. *Una volta per sempre* è, infatti, una raccolta densa d’immagini urbane dalle connotazioni aggressive, con linee spezzate di vie, ferrovie, ponti, luoghi pubblici, uffici e spazi drammaticamente dissonanti, vissuti, nel periodo in cui, prima della docenza senese, Fortini era funzionario a Milano presso l’Olivetti: dati empirici ed esistenziali filtrati dalla lente dell’accesa polemica sociale in corso tra intellettuali, amici o antagonisti, sulle citate riviste *Officina*, *Avanti*, *Politecnico*. Con il carico di smarrimento con cui era partito da casa dopo ore di attesa, sapendo di portare con sé da “mille anni” la condizione del poeta-servo (servo del sistema politico, di quello religioso, della loro valoristica, e delle loro manovre di potere), Fortini comunica al lettore il suo confluire finalmente dentro quel torrente di viaggiatori, calandovisi dentro mente e corpo: in questo procedere intersoggettivo nella società dei consumi, causa di angoscia ed inquietudine, dove concettualizzare sui nessi uomo/macchina è inevitabile, la voce lirica sembra uscire fuori dal naufragio emozionale, recuperando fiducia, se non nel mandato civile e politico della poesia *engagée* come assunzione programmatica, almeno nella speranza come animo di un ideale che non muore. Nei versi finali, la rappresentazione della metropoli milanese, in

[16] La raccolta *Poesia ed errore. 1937-1957*, pubblicata con Feltrinelli, nel 1959, nella collana *Biblioteca di letteratura. I contemporanei*, fu ripubblicata come *Poesia e errore*, con Mondadori, nel 1969, nella collana *Lo specchio. I poeti del nostro tempo*. Nel titolo cade la “d” eufonica.

movimento al nascere del giorno, offre la percezione di un culminante straniamento dell'ordine/disordine, coincidente con l'impatto dell'utopia contro l'insensata realtà contemporanea, pure necessaria. L'individuo cammina avviluppato dai ritmi della metropoli in cui s'immerge. Le architetture urbane sono reali, ma allo stesso tempo presentate quasi come "residui di sogno" (e vale ricordare la città percepita come "angoscia mitica", nelle teorie di Walter Benjamin in *Passagen-Werk*). Come già detto, in Fortini il procedimento di distruzione d'ogni verità immutabile e assoluta – Iddio – mentre rende possibile ed organizza il processo di liberazione progressiva dell'individuo moderno, pure ne smantella le ipotesi di vita: da cui il gravame dell'angoscia, che sempre ritorna nelle sue poesie di tipo esistenzialista. L'emancipazione della coscienza verso il divenire storico, che non è naufragio nell'orizzonte del comune lavoro, è ciò di cui in fondo questa poesia tratta. L'attenzione del lettore può essere attirata da un aspetto positivo e spirituale, che è l'avvicinarsi, anche se frettoloso e caotico, degli individui gli uni agli altri.

Quale che sia il nostro giudizio sul messaggio di questo testo, per Fortini, marxista ed ex partigiano, era certo importante combattere in nome della libertà, e non solo di quella espressiva. Egli ha sempre avuto dinanzi il proprio mandato sociale, anche se come uomo e poeta sapeva di non potere diffondere verità assolute. Sicché solo negoziando le proprie verità con quelle altrui si può avanzare nel flusso del divenire storico, e stabilire una comunicazione con gli altri. Basta confrontare ora i temi de "La partenza" con quelli dell'altra poesia citata, "Traducendo Brecht", e vedremo emergere un messaggio non dissimile:

Un grande temporale
per tutto il pomeriggio si è attorcigliato
sui tetti prima di rompere in lampi, acqua.
Fissavo versi di cemento e di vetro
dov'erano grida e piaghe murate e membra
anche di me, cui sopravvivo. Con cautela, guardando
ora i tegoli battagliati ora la pagina secca,
ascoltavo morire
la parola d'un poeta o mutarsi
in altra, non per noi più, voce. Gli oppressi
sono oppressi e tranquilli, gli oppressori tranquilli
parlano nei telefoni, l'odio è cortese, io stesso
credo di non sapere più di chi è la colpa:

Scrivi mi dico, odia
chi con dolcezza guida al niente
gli uomini e le donne che con te si accompagnano
e credono di non sapere. Fra quelli dei nemici
scrivi anche il tuo nome. Il temporale
è sparito con enfasi. La natura
per imitare le battaglie è troppo debole. La poesia
non muta nulla. Nulla è sicuro, ma scrivi.

Questa tendenza oppositiva contro i ritmi disumanizzanti della società capitalistica, inflitti dal mondo del profitto e della produzione, è confermata dalla scelta di poesie, incluse nella raccolta del 1963, come "Poesia delle rose", che incoraggia osservazioni sull'interrelazione tra una metalingua psichica e l'eloquenza dialettica che caratterizza la prosa fortiniana, quando incaricata di denunciare il presente e farsene carico. Fortini spiega il senso di questo doppio discorso in un'intervista del 1993, "Che cos'è la poesia", dove, sinteticamente rivela il significato di un testo mentale, ed, al contempo introspettivo, quale "La partenza":

> La poesia parla di qualcosa e nello stesso tempo parla di se stessa. La voce della poesia dice questo o quello, ma lo dice in modo che un effetto d'eco ci ricorda sempre che non la si può prendere in parola.[17]

In merito alla dimensione metacritica de "La partenza", di cui ho parlato in apertura del saggio, continuo questa analisi testuale ricordando che, per Fortini, docente di Filologia e Critica Letteraria, il testo letterario offre all'interprete, in modo insieme celato e manifesto, una visione d'insieme delle sue condizioni di produzione e circolazione. Tramite l'analisi testuale, il lettore può isolarne i motivi dal *background* socioculturale, non sempre terso, che legittima la circolazione dell'opera nel mercato culturale. Nello scritto *Opus Servile,* tra il mito della "libertà" artistica, e quello del "destino", Fortini notava come il fare poetico, pari ad ogni altra umana attività, si collochi nell'ordine della necessità, avendo il suo ambito di utilità, e dunque schiavitù nei confronti del debito dell'artista verso la società:

> Di solito, per la tradizione neoplatonica, si associa il *poièin* alla libertà e il *pràttein* alla necessità: qui si vuole invece che ogni lavoro, anche quello poetico, sia nell'ordine della necessità e servile, e che neppure gli uccelli cantino in 'libertà'. (Fortini, *Opus servile* 1989: 13)

---

17 Franco Fortini, "Che cos'è la poesia", RAI Educational, 1993.

Non c'è, pertanto, contraddizione tra "condizione servile" e "status intellettuale" dell'autore, interprete di se stesso, che svolge anche la funzione di mediatore di valori per la collettività. La funzione critica, interna all'opera, inoltre, messa al servizio della poesia, aiuta il lettore ad attivare circuiti intellettuali d'argomentazione e senso:

> Vi consiglio di prendere le cose che ho detto e di buttarne via più della metà, ma la parte che resta tenetevela dentro e fatela vostra, trasformatela. Combattete!" (*Le rose dell'abisso. Dialoghi sui classici italiani*, 2000).

Critico militante, dunque, ma allo stesso tempo poeta, che sa astrarsi e celebrare, tra i tanti fogli del fascicolo che porta in cartella, anche quello su cui, dalla propria prospettiva, riscrive il canone della poesia lirica. In tal senso, la "mobile speranza" unisce la filosofia della prassi e la filosofia dell'esistenza in un unico flusso umano che, ignaro, procede, e, resistendo alla tristezza, all'ingiustizia, alla sofferenza, al lavoro alienante, marcia nella stessa direzione verso il treno di un possibile futuro. Ed è proprio nell'orizzonte di una comune fatale "impotenza", pare suggerire Fortini, che deve nascere la "resistenza", qui data come intenzionalità, confrontando il mondo che le sta contro oltre l'intero contesto di pensieri, percezioni e sensazioni che schiacciano il singolo:

> Contro il loro fiume triste, di petti vivo,
> attraverso la mobile speranza
> che si ignora e resiste,
> andrò verso il mio treno.
> ("La partenza")

L'ossimoro del fiume triste e "vivo di petti", e la visione del fluido unirsi alla collettività, crea un effetto di straniamento, che presenta quasi come uscita dal sogno la tragica, vivissima sostanza delle vite che si allacciano lungo un percorso di obblighi e lavoro, vite che in questo inconsapevole stringersi, resistono allo sconforto. Vale citare altri versi dalla stessa raccolta che manifestano l'assunzione del "noi" da parte del poeta fattosi portavoce di un implicito mandato: "Noi dal sogno usciremo per esistere / in una sola verità."[18] Da questo incontro, in cui il notturno tormento lirico s'annega, la solitudine individualistica avanza e si rimette ad un destino comune di *pietas* e fraternizzazione, che ricorda la poesia di Èluard di cui Fortini fu conoscitore e traduttore:

> Non verremo alla meta ad uno ad uno,
> ma a due a due. Se ci conosceremo
> a due a due, noi ci conosceremo
> tutti, noi ci ameremo tutti e i figli
> un giorno rideranno
> della leggenda nera dove un uomo
> lacrima in solitudine.
>
> (P. Èluard, *Poesie*, tr, Franco Fortini, 1966)

[18] Franco Fortini, *Poesie scelte*, (1937-1973), Oscar Mondadori, 1974.

SCELTA DI POESIE

Da Una volta per sempre - 1938-1973[19]

[19] Si ringraziano gli eredi Fortini per l'uso in contesto antologico delle poesie riportate in appendice.

Foglio di via

Dunque nulla di nuovo da questa altezza
Dove ancora un poco senza guardare si parla
E nei capelli il vento cala la sera.

Dunque nessun cammino per discendere
Se non questo del nord dove il sole non tocca
E sono d'acqua i rami degli alberi.

Dunque fra poco senza parole la bocca.
E questa sera saremo in fondo alla valle
Dove le feste han spento tutte le lampade.

Dove una folla tace e gli amici non riconoscono.

Canto degli ultimi partigiani

Sulla spalletta del ponte
Le teste degli impiccati
Nell'acqua della fonte
La bava degli impiccati.

Sul lastrico del mercato
Le unghie dei fucilati
Sull'erba secca del prato
I denti dei fucilati.

Mordere l'aria mordere i sassi
La nostra carne non è più d'uomini
Mordere l'aria mordere i sassi
Il nostro cuore non è più d'uomini.

Ma noi s'è letta negli occhi dei morti
E sulla terra faremo libertà
Ma l'hanno stretta i pungi dei morti
La giustizia che si farà.

Traducendo Brecht

Un grande temporale
per tutto il pomeriggio si è attorcigliato
sui tetti prima di rompere in lampi, acqua.
Fissavo versi di cemento e di vetro
dov'erano grida e piaghe murate e membra
anche di me, cui sopravvivo. Con cautela, guardando
ora i tegoli battagliati ora la pagina secca,
ascoltavo morire
la parola d'un poeta o mutarsi
in altra, non per noi più, voce. Gli oppressi
sono oppressi e tranquilli, gli oppressori tranquilli
parlano nei telefoni, l'odio è cortese, io stesso
credo di non sapere più di chi è la colpa.

Scrivi mi dico, odia
chi con dolcezza guida al niente
gli uomini e le donne che con te si accompagnano
e credono di non sapere. Fra quelli dei nemici
scrivi anche il tuo nome. Il temporale
è sparito con enfasi. La natura
per imitare le battaglie è troppo debole. La poesia
non muta nulla. Nulla è sicuro, ma scrivi.

Dopo una strage

da Lu Hsun

Le notti lunghe di primavera le passo ormai
con moglie e figlio. Fragili alle tempie i capelli.
Vedo in sogno imprecise lacrime di una madre.
Sulle mura hanno mutato le grandi bandiere imperiali.
Vite di amici diventano spettri, non resisto a vederle.
In ira contro siepi di spade cerco una piccola poesia.
Non lamentarsi. Chino il capo. Non si può scrivere più.
Come acqua la luna illumina la mia veste oscura.

Il seme

Caduti i cartocci giù
le foglie luccicano come piccioni
della magnolia altissima. Sotto i cedri
dove la luce del pomeriggio è fitta
vedo l'erba crudele acida profonda
e l'interrogazione ritorna
ai colpi di vento si curva
si divide ritorna ma dicono i merli di no
camminando o fermi.

Mio padre
s'inteneriva sulla propria morte
udendo l'allegretto della Settima.
Negli angoli dove c'è a marzo maceria
con gran pianti i bambini seppellirono
gli uccelli caduti di nido. Ma nulla
sa più di noi e discorre da sola
coi suoi corni e le trombe la musica
tra questi muri sudati.
In luogo di lui ci sono io
o mio figlio o nessuno.

Tutti i fiori non sono che scene ironiche.
Ormai la piaga non si chiuderà.
Con tale vergogna scenderò
i seminterrati delle cliniche
e con rancore.
Non è ancora luglio
non ancora scaldato asciutto assoluto
il seme.

Il presente

Guardo le acque e le canne
di un braccio di fiume e il sole
dentro l'acqua.

Guardavo, ero ma sono.
La melma si asciuga fra le radici.
Il mio verbo è al presente.
Questo mondo residuo d'incendi
vuole esistere.
Insetti tendono
trappole lunghe millenni.
Le effimere sfumano. Si sfanno
impresse nel dolce vento d'Arcadia.
Attraversa il fiume una barca.
E' un servo del vescovo Baudo.
Va tra la paglia d'una capanna
sfogliata sotto molte lune.
Detto la mia legge ironica
alle foglie che ronzano, al trasvolo
nervoso del drago-cervo.
Confido alle canne false eterne
la grande strategia da Yenan allo Hopei.
Seguo il segno che una mano armata incide
sulla scorza del pino
e prepara il fuoco dell'ambra dove starò invisibile.

.

BIOGRAFIA[20]

Franco Fortini (pseudonimo di Franco Lattes, Firenze, 10 settembre 1917 – Milano, 28 novembre 1994) nasce da Dino Lattes, avvocato livornese ventinovenne di origine ebraica, ed Emma Fortini del Giglio, di religione cattolica ma non praticante, entrambi appartenenti alla piccola borghesia toscana.

[#] La fanciullezza

I primi non facili anni di vita di Fortini lasciarono nello scrittore ricordi dolorosi che riappariranno nei suoi scritti e nelle sue poesie. Il padre aveva partecipato come volontario alla '15-'18 aveva sposato Emma l'anno precedente al rientro dal fronte di Asiago. In seguito si era iscritto al Partito repubblicano e aveva partecipato attivamente alla vita politica ma il rifiuto ad iscriversi al Partito fascista gli aveva precluso la carriera professionale. Uomo colto, appassionato di musica, collaboratore di fogli satirici e del quotidiano fiorentino *il 'Fieramosca'*, frequentava artisti e letterati e la sua biblioteca era ricca di testi eterogenei: Jahier, Lucini, Barbusse, la *Commedia* di Dante Alighieri illustrata da Ugo Foscolo, *I doveri dell'uomo* di Mazzini. La madre era un'appassionata lettrice di romanzi che prendeva in prestito dalla Biblioteca Circolante del Gabinetto

[20] Indicazioni bibliografiche accurate sono ricavabili da: 1. Paolo Jachia, Luca Lenzini, Pia Mondelli (a cura di), *Bibliografia degli scritti di Franco Fortini (1935-1991)*, Le Monnier, Firenze 1989. 2. Franco Fortini, *Saggi ed epigrammi*, a cura di Luca Lenzini, Collana I meridiani, Mondadori, Milano 2003.

Vieusseux insieme ai libri per il figlio. Fortini ricorda di aver letto, tra il 1924 e il 1926, nella casa dei cugini materni, *Gli esempi di bello scrivere* del Fornaciari, una antologia scolastica tra le più diffuse dell'Ottocento, le poesie del Giusti, le *Novelle della nonna* che egli chiamerà la sua 'letizia infantile', Jules Verne, De Amicis e più tardi *Pinocchio*. Della sua casa non riporta precisi ricordi, perché la famiglia Lattes cambia spesso abitazione, passando da pensioni ad appartamenti ammobiliati, subendo anche dei pignoramenti. La casa che ricorda è quella di via Rondinelli, vicino al Duomo, dalle cui finestre egli assiste al passaggio in auto di Mussolini. Nel periodo dell'infanzia, Fortini assiste numerose volte ad episodi di violenza che gli rimangono impressi nella memoria, come il pestaggio a cui accennerà nella poesia *Milano 1971* dopo le cariche della polizia alla Facoltà di Architettura di Milano: 'Avevo cinque anni quando vidi i fascisti picchiare / uno che non aveva salutato la bandiera'. Nel luglio del 1925 nasce la sorella Valeria e nello stesso anno il padre viene arrestato con l'accusa di aver collaborato con il gruppo 'Non mollare' di Salvemini e dei fratelli Rosselli e da allora sarà sempre sospettato di attività contro il regime. Nella notte tra il 2 e il 3 ottobre vi è una sanguinosa sparatoria innescata da fascisti vicino al mercato di San Lorenzo (descritta da Vasco Pratolini nel suo romanzo *Cronache di poveri amanti*): l'avvocato Console, che condivideva lo studio con il padre di Fortini, viene ucciso insieme alla moglie. Dino Lattes riesce a fuggire e per quindici giorni la famiglia non saprà nulla di lui.

[#] La formazione scolastica e letteraria

Nel 1926 Fortini viene iscritto al ginnasio Galileo dove impara il francese da una zia di origine svizzero-francese di nome Binder. Risalgono al 1927 le letture dei *Fratelli Karamazov*, quella di *Martin Eden* e della *Bibbia* protestante, che il padre aveva portato a casa di ritorno da una Fiera del libro a Firenze. Fortini ricorda che il romanzo di Jack London lo aveva appassionato al punto di condurlo ad identificarsi con l'umile personaggio, mentre il romanzo di Dostoevskij e la Bibbia costituiranno letture fondamentali, dal punto di vista morale e letterario, della sua formazione di scrittore. Tra i dodici e i tredici anni egli legge moltissimo e scrive intensamente riempiendo quaderni di prose e di versi, nel 1930 viene iscritto al Liceo Ginnasio Dante che frequenterà con buon profitto. Risale a questo periodo la scoperta della passione per la pittura e il disegno.

[#] Gli anni del Liceo

Fra la seconda e la terza liceo, con i risparmi ottenuti dal guadagno delle lezioni private, è in grado di comprarsi molti libri che leggerà avidamente. Tra i contemporanei le letture che lo colpiscono maggiormente sono: *Un uomo finito* di Papini, *Ragazzo* di Jahier, *Il mio Carso* di Slataper e *Foglie d'erba* di Whitman che confesserà di aver letto, sottobanco, durante le lezioni di matematica. In questi anni, il giovane Fortini frequenta un gruppo di amici (Giorgio Spini, Giampiero Carrocci, Franco Calamandrei, Piero Santi, Alessandro Parronchi, Giancarlo Salimbeni, Geno Pampaloni e altri), con i quali potrà discutere di arte, di teatro e di musica. Costoro hanno in comune la passione per il cinema francese, soprattutto per Duvivier e René Clair tanto da assumere come parola d'ordine quelle della canzone *La liberté c'est toute l'existence* cantata nel film *À nous la liberté*.

[#] Gli anni universitari:1935-1940

Nel 1935 viene selezionato per la sessione di Arte ai Littoriali di Roma dove ha occasione di rivedere, in piazza della Sapienza, Mussolini e di conoscere Cassola, con il quale condividerà la passione per il Dedalus e Gente di Dublino di Joyce. Nello stesso anno consegue la maturità e per volontà paterna viene iscritto alla facoltà di giurisprudenza ma frequenterà anche Lettere, sostenendo gli esami complementari che gli verranno riconosciuti in seguito per la seconda laurea.

Nel 1936 diventa assiduo frequentatore della Biblioteca Marucelliana dove trascorre i pomeriggi liberi dalle lezioni a studiare e a leggere. Escono in questo periodo i suoi primi testi, una prosa e una poesia: *Colline colorate e Paesaggi* su *Anno XIII*, e su *Lo squillo* un *Riassunto della Quadriennale*.

Durante questo periodo la sua passione per l'arte e quella per la letteratura hanno il medesimo peso, tanto che lo stesso Fortini dirà: '... ho continuato fino a diciotto, diciannove anni a non sapere se la mia vocazione fosse quella del pittore piuttosto che quella dello scrittore'.

Pubblica in questo stesso anno una serie di prose e versi sulla *Gazzetta quotidiano fascista della Calabria e della Sicilia* e, visto in una cartoleria 'Il giuoco del Barone', variante del 'Giuoco dell'oca', decide con l'amico Valentino Bucchi di farne un libretto. Alessandro

Parronchi scrive il testo e l'opera che verrà rappresentata al teatro sperimentale di via Laura nel 1939 segnando il debutto di Bucchi come musicista.

Durante i giorni di festa Fortini approfitta per scoprire, da solo o con gli amici dell'università tutti caratterizzati da ideologie antifasciste, le opere d'arte di varie città: Ferrara, Venezia, le città dell'Umbria e i centri minori della Toscana.

Nel 1937 è selezionato ai pre-littoriali di Firenze per il convegno di arti figurative di Napoli e avrà modo di incontrare Attilio Momigliano, suo futuro professore di Letteratura italiana. Durante i Littoriali di Napoli, prese parte al dibattito sull'arte e l'architettura con una decisa posizione contro il nazionalismo e l'arte della 'romanità', suscitando motivo di scandalo.

In questo periodo continua a scrivere sui fogli giovanili fascisti, come *Il Bo* e *Goliardia Fascista*', ma collabora anche alla rivista cattolica *Gioventù Cristiana.*

L'amicizia con Giorgio Spini, valdese, lo mette in contatto con l'ambiente protestante fiorentino. Risale a questo periodo la lettura di Kierkegaard, Barth e Cromwell. Si dedica anche alla lettura de La Metamorfosi di Kafka, che nel 1990 tradurrà egli stesso, e dei romanzi di Döblin, Mann, Lawrence e Huxley.

Nel 1938 mentre si trova a Forte dei Marmi insieme agli amici Bucchi e Carrocci gli giunge la notizia della morte di D'Annunzio e improvvisa dei versi di commemorazione piuttosto irriverenti nei confronti del poeta.

Si consolida intanto l'amicizia con Giacomo Noventa, che aveva fondato a Firenze nel 1936 *Riforma Letteraria*, rivista fortemente polemica contro la cultura italiana del tempo. In questo periodo Fortini collabora ad essa, come pure alla rivista *Letteratura* diretta da Alessandro Bonsanti, con poesie, racconti e articoli critici.

Dopo aver partecipato ai Littoriali del Gruppo Universitario Fascista (GUF), questa volta anche per la letteratura, parte per Palermo dove, come era già successo a Napoli, il Convegno prenderà una piega sgradita alle autorità fasciste che dovranno intervenire per sedare il tumulto creato dai suoi interventi e da quelli di Antonello Trombadori, Alberto Graziani e Bruno Zevi. I littoriali palermitani, malgrado le polemiche suscitate, segneranno per Fortini una svolta decisiva. L'incontro con coetanei che non aveva mai conosciuto prima, ma ai quali si sente accomunato dalla vocazione antifascista e dalla maturazione intellettuale, lo aiuteranno a schiarirsi le idee: 'Avevo ventuno anni e le cose mi si chiarirono una volta per tutte'.

Il soggiorno in Sicilia gli ispira un racconto, scritto al ritorno dall'isola, dal titolo *La morte del cherubino di stucco*, pubblicato da *La Ruota* nel 1941 come omaggio allo scultore siciliano Giacomo Serpotta.

Rientrato a Firenze riesce ad evitare, con un certificato medico, di essere arruolato nella 'milizia universitaria' che, in vista della vicina visita di Hitler, voleva giovani per assolvere a compiti di ordine pubblico.

Legge in questo periodo *Resurrezione* e *Anna*

Karenina di Tolstoj e a casa di un'amica ebrea finlandese assiste ad una esibizione di Montale.

A dicembre una circolare del Ministero dell'educazione nazionale sulla dispensa dal servizio del 'personale di razza ebraica' esonera dall'insegnamento Momigliano al quale Fortini aveva chiesto la tesi. Al Momigliano, nella cattedra di letteratura italiana, subentra Giuseppe De Robertis con il quale Fortini entra subito in contrasto.

Nel 1939 l'espulsione dal GUF a causa delle leggi razziali rende più acuta la sua crisi religiosa tanto che, per sua consapevole scelta, vorrà ricevere il battesimo per diventare valdese.

Continua intanto a dipingere e a pubblicare sulla *Riforma* versi e racconti, scrive varie tesine, segue con qualche interesse le lezioni di Giorgio La Pira e nello stesso anno si laurea in legge, con una tesi in filosofia del diritto su 'Lo spirito antimachiavellico della Riforma nell'opera di don Valeriano Castiglione', ottenendo uno scarso punteggio: cento su centodieci.

Nel 1940 ottiene un incarico di supplente in un Istituto Tecnico di Porto Civitanova nelle Marche e ritornato a Firenze darà lezioni private riprendendo a frequentare i corsi della Facoltà di Lettere. A Mario Solmi chiede la tesi in storia dell'arte su Rosso Fiorentino e per vedere le opere del Rosso e dei manieristi visiterà la Toscana progettando di continuare, dopo la laurea, le ricerche in Francia.

Nello stesso anno il padre è arrestato come 'ebreo

pericoloso' e condotto alle Murate ed egli si recherà con la madre a trovarlo con una certa frequenza. Il 25 giugno ottiene la laurea in Lettere ma deve subito sostituire il padre, che nel frattempo era stato trasferito ad Urbisaglia in un campo di ebrei internati, nello studio legale. Il mese successivo scrive al capo della polizia chiedendo indulgenza per il padre. Ad agosto l'internamento sarà revocato ma Dino non potrà, se non clandestinamente, svolgere la sua attività professionale. Per evitare il servizio militare Fortini si iscrive ad un corso di perfezionamento in storia della lingua italiana e su indicazione di Luigi Russo e Bruno Migliorini lavora ad un progetto per una edizione di Galeazzo di Tarsia. Aveva letto in questo periodo gli scrittori del Cinquecento e tra i romanzi contemporanei era rimasto colpito da *Conservatorio di Santa Teresa* di Romano Bilenchi che recensirà sulla rivista *Ansedonia* firmandosi per la prima volta Fortini.

[#] Dal 1941 al 1945: il periodo bellico

La chiamata alle armi, che era giunta nel luglio del 1941, viene accolta da Fortini come una liberazione perché entrare nell'esercito voleva dire uscire dall'insopportabile situazione determinata dalle leggi razziali e rientrare nella normalità.

Nell'estate del 1941 viene richiamato alle armi e assegnato come soldato semplice alla caserma romana di viale delle Milizie dove rimane per tre mesi e ha modo, durante le libere uscite, di entrare in contatto con i gruppi antifascisti. In seguito è trasferito a Civita Castellana, dove conosce Pietro Ingrao, con il grado di sergente ad un corso per sottufficiali e vi rimane per tutto l'inverno tra il '41 e il '42. In seguito è inviato a Spoleto per tre mesi ad un corso di allievi ufficiali e infine vicino a Sanremo con il compito di sostenere psicologicamente i soldati, reclute del 1923.

Viene intanto pubblicata la sua prima traduzione dal francese dalle Edizioni di *Leggere d'oggi*, la rivista che continuava *Ansedonia*, di *Un cuore semplice* di Flaubert. A novembre si trova a Genova pochi giorni dopo il bombardamento navale inglese e scrive in questa occasione i versi *Italia 1942* che saranno in seguito raccolti in *Foglio di via*.

Trasferito all'inizio del '43 a Costigliole Saluzzo, in Piemonte, è tra coloro che sono incaricati di accogliere i reduci dalla Russia. Viene trasferito a Casino di Terra presso Cecina e verso il 20 luglio si trova in licenza a Firenze per un concorso a cattedra nella scuola media. Il 27 partecipa ad una riunione del Partito d'Azione che gli affida dei manifestini da diffondere a Pisa durante il viaggio di rientro al reggimento. Parte con il suo battaglione e nelle settimane precedenti all'armistizio si trova a Milano come sottotenente di fanteria e qui ritrova l'amico Ingrao disertore da un anno e in clandestinità. All'indomani dei primi bombardamenti di agosto conosce Elio Vittorini, con il quale era stato in corrispondenza per una traduzione da Voltaire.

Il 21 agosto, recandosi a Roma per partecipare ad un concorso per l'insegnamento e di passaggio per Firenze, ha modo di rivedere i familiari. Rientrato a Milano l'8 settembre riceve da un attendente la notizia dell'armistizio. Rifugiatosi in Svizzera, dopo un tentativo fallito di armare i soldati della propria caserma contro i tedeschi, passa alla resistenza e partecipa alla Repubblica Partigiana dell'Ossola, prendendo parte alla ritirata e alla fine di quella repubblica, esperienze fondamentali per la sua formazione di uomo e di scrittore.

Raggiunta Lugano, Fortini sarà condotto a Bellinzona, sede del comando territoriale della Polizia dell'esercito e di alcuni campi di raccolta dei profughi, dove rimane fino al 18 settembre. Classificato come profugo 'civile' perché ebreo ma anche 'politico' per le sue idee, è messo in quarantena al campo di Adliswil, nel cantone di Zurigo, uno dei più grandi della Svizzera tedesca. Il 23 è autorizzato a lasciare il campo e destinato a Zurigo dove sarà ospite dei Fuhrmann e avrà l'obbligo di presentarsi una volta alla settimana alla polizia.

Sarà questo uno dei più intensi periodi per la sua esperienza intellettuale e politica. Il suo garante, Alberto Fuhrmann studente in teologia e poi pastore valdese per riformati di lingua italiana, lo inserisce in un mondo che Fortini considererà sempre la sua seconda università. Nella casa di Alberto egli incontra pittori, musicisti, studenti universitari e intellettuali provenienti da tutta l'Europa e ritrova Adriano Olivetti che aveva conosciuto nel 1938 a Milano. Sono di questo periodo le molte letture e la composizione di quei versi che confluiranno in *Fogli di via*. Egli trascorre le giornate recandosi spesso all'università, frequentando il caffè 'Sèlect', dove vengono proiettati film d'avanguardia e dove conosce Luigi Comencini. Al ristorante 'International' incontra Diego Valeri, Ignazio Silone e giovani militanti del

Partito d'Azione con i quali stringe amicizia.

Nel 1944 a causa di una mancanza di prospettiva socialista all'interno del Partito d'Azione, si iscrive al PSIUD, che diventerà in seguito PSI ricevendo da Silone la tessera del partito che manterrà fino al 1958. Inizia a collaborare con il periodico della federazione socialista in Svizzera: *L'Avvenire dei lavoratori*. Tra i primi testi pubblicati sul periodico vi sono alcune poesie e articoli dedicati a Benedetto Croce e a Giovanni Gentile. Collabora in questo periodo anche alla *Rivista della Svizzera italiana* che sarà pubblicata a Locarno.

Il giorno dello sbarco in Normandia, alla fine di giugno, si trova con Olivetti a Zurigo quando giunge l'ordine di raggiungere un campo di lavoro agricolo a Birmensdorf.

Alla fine di agosto, Fortini chiede di poter tornare a Zurigo e il permesso gli arriverà in ottobre da Berna. Giungono intanto sempre più numerose le notizie di oltre confine facendo aumentare tra gli esuli il desiderio di poter ritornare in Italia. All'inizio di ottobre egli decide di partire con altri amici e viene accompagnato alla stazione da Ruth Leiser che aveva conosciuto ad una festa di internati. Raggiunta Locarno da Lugano prosegue in auto per Camedo ma, fermato dalla polizia svizzera a Ponte Ribellasca, viene consegnato ai partigiani. Passato il confine il 9 ottobre a Domodossola viene subito assegnato all'ufficio stampa della giunta provvisoria di governo, dove incontra Gianfranco Contini, Giansiro Ferrata, Umberto Terracini, Mario Bonfantini.

L'11 ottobre, alla notizia dell'avanzata dei tedeschi e della disfatta della repubblica partigiana, Fortini parte in treno per Briga diretto in Svizzera e ad Iselle trascorre la notte in casa di un ferroviere. Al mattino riparte per Domodossola e dopo essersi presentato al comandante della brigata Matteotti, continua la fuga verso le montagne.

Chiede intanto di unirsi ad un reparto che deve muovere contro i fascisti ma i partigiani, ritirandosi, fanno saltare i ponti lungo la valle. Fortini è costretto a risalire la val Devero marciando nella neve alta e, arrivato in Svizzera, ritrova altri profughi della Valdossola. Rimane per un po' di tempo nel campo di raccolta di Briga e poi a Pully e Tour Haldimand in un campo per ebrei ortodossi e in seguito in un carcere preventivo per detenuti comuni, al Bois Mermet di Losanna, sotto l'accusa da parte della polizia elvetica di non aver rispettato le procedure durante un'assenza dal campo.

A Zurigo il 14 dicembre del 1944 è rappresentato con successo il suo atto unico *Il soldato*.

Dimesso da Losanna il 25 gennaio del '45 Fortini è destinato a Spiez dove farà il lavapiatti in un albergo requisito. In questo periodo si dedica alla traduzione del *Romeo e Giulietta* al villaggio di Gottfried Keller.

Ritornato a Zurigo per alcune licenze trova alloggio presso Regina Kägi-Fuchsmann che gli farà da garante. Riprende a collaborare all'*Avvenire dei lavoratori* e a pubblicare sul periodico del Partito socialista ticinese *Libera stampa* diretto da Alberto Vigevani e Luigi

Comencini e sulla rivista *Arte, letteratura e lavoro*.

La notizia della liberazione lo vede a Spiez il 25 aprile e finalmente l'11 maggio può tornare in patria.

[#] Il ritorno in patria

Al ritorno in patria Fortini inizia subito a scrivere articoli che vengono pubblicati sull'*Avanti!* e alla fine di giugno decide di trasferirsi a Milano dove viene a sapere di aver vinto la cattedra nel concorso del 1943 ma, senza molti ripensamenti, decide di rinunciare all'insegnamento.

[#] La collaborazione a riviste

Per tutto il 1945 la collaborazione alle riviste l'*Avanti!*, *La lettura* e *Italia libera*, sarà intensa e il 1° agosto diventa redattore praticante di 'Milano sera', periodico curato dapprima da Bonfantini, poi da Vittorini e in seguito da Alfonso Gatto. Consegna in questo periodo a Vittorini il dattiloscritto *Fogli di via* che viene trasmesso da quest'ultimo all'Einaudi. Prepara intanto con Vittorini ed Albe Steiner *Il Politecnico* e corregge gli articoli dei collaboratori rivedendone le traduzioni.

[#] Dal 1946 al 1950: il suo esordio letterario

Intramezzando il lavoro al *Il Politecnico* con la collaborazione alla *Lettura*, è ospite assiduo della Casa della Cultura e il 7 aprile 1946 si sposa con Ruth Leiser nel Municipio di Milano.

[#] Il suo primo libro di versi: *Foglio di via*

Il 30 aprile dello stesso anno viene pubblicato, nella collana di poesia di Einaudi, il primo libro di versi, *Foglio di via* con un suo disegno in copertina e una dedica al padre. Il primo a recensire il libro sarà Italo Calvino sull'Unità. Trasformatosi 'Il Politecnico' da settimanale a mensile Fortini, pur continuando la collaborazione con esso, diventa anche collaboratore dell'*Avanti!*. Conosce intanto, nella sede dell'Einaudi romana, Cesare Pavese e nel luglio dello stesso anno ha occasione di conoscere e intervistare per il 'Politecnico' Jean-Paul Sartre che si trovava a Milano con Simone de Beauvoir per una conferenza. Nei giorni seguenti Sartre e Fortini, a casa di Vittorini, lavoreranno alla stesura del programma di un numero dedicato all'Italia di *Les Temps Modernes*, la rivista fondata nel 1945 da Sartre. Essa uscirà nel 1947 con i contributi di Sergio Solmi, Giacomo Debenedetti, Vasco Pratolini, Alberto Moravia, Ignazio Silone e lo stesso Fortini. Si intensificano nel frattempo le letture e le traduzioni dalla letteratura straniera; Alfred Jarry, Guillaume Apollinaire, Pierre Reverdy, George Orwell, Stephen Spender, Antonio Machado, Federico García Lorca. Sulla 'Gazzetta del Nord' di Noventa è pubblicata in dicembre *'Una conversazione in Valdossola*' che costituirà la prima serie delle *Sere in Valdossola* del 1963. Non smette nel frattempo di tradurre (Ramuz per le Edizioni di Comunità e Éluard per Einaudi) e di collaborare alla rivista *Omnibus* con brevi articoli di costume, firmandosi con lo pseudonimo di 'Minko'.

[#] Impiegato all'Olivetti

Nell'agosto del 1947 intervista Thomas Mann che si trovava nella villa dei Mondadori sul lago Maggiore e l'intervista è pubblicata sull''Avanti!'. Costretto dalle necessità economiche ad accettare l'offerta di Olivetti per un impiego negli uffici della pubblicità si trasferisce ad Ivrea e il 1° agosto viene assunto. Nel 1947 si chiude intanto l'esperienza del 'Politecnico' sul quale Fortini aveva pubblicato oltre cinquanta testi tra articoli e poesie. Al gennaio del 1948 risale la recensione per l''Avanti!' del libro di Ruggero Zangrandi, *Il lungo viaggio*, che farà nascere una forte polemica all'interno del partito. Insieme alla moglie Ruth traduce *Timore e tremore* di Kierkegaard e scrive nel frattempo il racconto *Agonia di Natale* che verrà pubblicato da Einaudi nella primavera dello stesso anno. Continua a dedicarsi alla prosa e scrive il racconto *La cena delle ceneri* che verrà pubblicato solamente nel 1988 e *L'interdetto* che rimarrà inedito. Il 14 luglio, in seguito dell'attentato a Togliatti, si era intanto creato ad Ivrea, tra gli operai, un clima di grande tensione ed egli è tra i sostenitori della rivolta. L'amico Adriano Olivetti lo comprende e, invece di licenziarlo, lo trasferisce nella sede di Milano alla pubblicità. Il lavoro all'Olivetti lo mette a contatto con i grafici, specialmente con Giovanni Pintori, ma anche con diversi poeti come Giovanni Giudici con i quali preparerà gli slogan per la pubblicità.

[#] Traduzioni, recensioni e viaggio in Germania

Dopo la sconfitta delle sinistre del 1948 il clima politico era mutato profondamente ed era iniziato il periodo che Fortini chiamerà più tardi con il titolo del suo libro: 'dei dieci inverni'. Risale alla fine di gennaio la recensione di Ladri di biciclette di Vittorio De Sica e la traduzione, in collaborazione con la moglie Ruth, di

Alfred Döblin e André Gide che verrà pubblicata l'anno successivo dall'Einaudi. Viene intanto invitato da un ufficiale inglese a prendere contatto con un centro di rieducazione di giovani hitleriani presso Hannover e alla fine dell'estate si reca in Germania con Ruth. Tutti i resoconti del viaggio sono pubblicati sul 'Nuovo corriere', 'Milano sera' e 'Il mondo' e verranno raccolti l'anno successivo in 'Comunità' con il titolo *Diario tedesco* pubblicato come libro dopo la caduta del muro di Berlino, nel 1991.

[#] Convegni, saggi e viaggio a Londr

Nel 1950 continua la collaborazione con l''Avanti!' e nel frattempo diventa più intensa la sua attività di critico per 'Comunità' dove, nella rubrica 'Bibliografia letteraria', recensisce le novità del momento. Si deve a questo periodo la lettura approfondita di Lukács. Interviene all'inizio di aprile al 'Convegno del Movimento per la Riforma religiosa' che si tiene a Bergamo e il 16 giugno, in occasione del maggio musicale, vengono messi in musica i suoi versi tratti da 'Foglio di via' da Valentino Bucchi. In occasione di una serata per Carlo Levi, che si tiene durante la settimana Einaudi, ritrova Pavese che aveva appena ricevuto il Premio Strega e scrive un commento ad un suo saggio intitolato *Sul mito*. Dopo il suicidio di Pavese, avvenuto poco dopo quell'incontro, Fortini scrive sull''Avanti!' l'articolo *Pavese si è ucciso*. Risale a questo periodo un viaggio a Londra dove conosce Eliot.

[#] Il periodo dal 1951 al 1954: intensa attività di traduttore e di critico

Si intensifica intanto l'attività di traduttore che diventerà prevalente negli anni tra la fine del 1940 a tutto il 1950. Molte le versioni dal tedesco compiute con la consulenza di Cesare Cases e in collaborazione con la moglie. Risalgono a questo periodo le traduzioni di Bertold Brecht, delle poesie di Villon, di Marcel Proust, di Simone Weil e Fortini sembra aver accantonato la poesia. Conosce in questo periodo un gruppo di giovani che alla letteratura preferivano l'economia e la filosofia e che avevano stampato in proprio una piccola rivista intitolata *Discussioni*. Questa rivista veniva data in distribuzione ad una cerchia di amici e conoscenti e tra gli argomenti che trattava vi erano quelli sul significato della guerra in Spagna, sull'uso della violenza, sulla politica dell'Unione Sovietica e sul pensiero di Gramsci.

Nel 1951 invia a Montale una cinquantina di poesie per averne un giudizio e ne riceve un parere severo ma penetrante che Fortini definirà 'tanto sconvolgente quanto deprimente'.

Nel 1952 è invitato da Calvino a collaborare al *Notiziario Einaudi* con una nota su Pavese. Continua a prestare saltuariamente consulenza editoriale per l'Einaudi analizzando *L'uomo senza qualità* di Musil e la biografia di Büchner a opera di Handis Mayer oltre a curare i testi teatrali di Brecht. Nel luglio dello stesso anno intraprende un nuovo viaggio a Londra, con Ruth, e, di passaggio, a Parigi, assiste alla prima teatrale di *En attendant Godot* di Samuel Beckett. Muore il 18 novembre Paul Eluard e al necrologio che Montale fa sul *Corriere della Sera*, *'La morte di Paul Eluard'*, Fortini risponde con una lettera in cui esprime il suo disappunto per il taglio che Montale ha dato all'articolo, tacciandolo di 'malignità civettuole e cattivo gusto'. Continuando intanto le numerose recensioni su *Comunità*, la collaborazione con l'*Avanti!* e con il *Notiziario Einaudi*. In questo periodo pubblica su *Botteghe Oscure Sere in Valdossola*.

Inizia nel 1953 la collaborazione a *Nuovi Argomenti* e su *Botteghe oscure* appaiono alcune poesie, di cui cinque sotto il titolo *Versi per Ruth* e una dal titolo *Sestina per Firenze*. Le poesie dedicate a Ruth sono raccolte nello stesso anno in una *plaquette* fuori commercio dal titolo *Sei poesie per Ruth e per me*.

Nel 1954 traduce per le Edizioni Comunità *L'enraciment* di Simone Weil e grazie a Vittorio Sereni pubblica nella edizione della Meridiana *Una facile allegoria*. Esce lo stesso anno da Einaudi *Minima moralia* di Adorno che accende all'interno del gruppo di 'Discussione' appassionati dibattiti al quale Fortini partecipa attivamente. Nel marzo scrive su *Nuovi Argomenti* un articolo intitolato *Appunti su 'Comunismo e Occidente'* e riceve 'una misura disciplinare' dalla Federazione socialista milanese. In aprile ha inizio la sua collaborazione a *Il contemporaneo* sul quale tiene la rubrica 'lettere francesi'. A giugno scrive su *Lo spettatore d'oggi* la recensione di *Le degré zéro de l'écriture* di Roland Barthes e alla fine di ottobre diventa consulente della collana dei Saggi dell'Einaudi.

[#] Il periodo dal 1955 al 1957: grande impegno politico

Nel 1955 Fortini si dedica all'approfondimento del lavoro per *Discussioni* e *Officina* e si trova a contatto con Pasolini, Leonetti, Roversi e Romanò. Nello stesso anno l'ex gruppo di 'Discussioni', formato da Armanda Guiducci, Roberto Guiducci, Luigi Amodio, Stefania Caproglio, si riunisce per decidere di stampare 'Ragionamenti' con l'intento di farne una rivista 'di critica e di informazione sui maggiori temi del pensiero marxista contemporaneo, in una prospettiva antistalinista ma non riformista, e per una riunione nel 'blocco storico' delle sinistre 'con l'intenzione di rivolgersi soprattutto agli intellettuali e ai quadri dei movimenti di sinistra'. La rivista, che avrà vita fino al 1957, esce con tiratura limitata e sostenuta finanziariamente solamente dai redattori e dagli abbonamenti e è accolta con indifferenza dai socialisti e con ostilità dai comunisti, ad eccezione di Della Volpe.

In marzo Pasolini scrive a Fortini una lettera con la quale lo invita a collaborare a 'Officina' e in risposta Fortini gli invia *quattro poesie* e in seguito, su richiesta dello stesso Pasolini, aggiungerà un *Allegato* con il titolo *L'altezza della situazione, o perché si scrivono poesie* che appariranno sul fascicolo di settembre.

A luglio si reca ad Helsinki come 'osservatore' al 'Congresso della pace' ed incontra letterati famosi tra i quali Nazim Hikmet che intervista per 'Il contemporaneo'.

Grazie ai contatti con Hikmet, che lo introduce a Alexei Surkov, poeta, segretario dell'Unione degli Scrittori sovietici, Fortini si reca per la prima volta in

Urss, per quindici giorni.

A ottobre si reca in Cina in visita ufficiale nella Repubblica Popolare Cinese con la prima delegazione italiana formata, tra gli altri, da Piero Calamandrei, Norberto Bobbio, Enrico Treccani e Cesare Musatti. Il viaggio durerà un mese e il diario della visita verrà pubblicato l'anno seguente in *Asia Maggiore* dedicato a Carlo Cassola suo compagno di viaggio che, a sua volta, gli dedicherà *Viaggio in Cina*. Di ritorno dalla Cina inizia a collaborare all'Enciclopedia A/Z della Zanichelli curandone diverse voci e affida a Sereni un fascicolo di circa ottanta poesie per vedere se c'è la possibilità di pubblicare una nuova raccolta.

Traduce una scelta di poesie di Éluard con un'ampia introduzione, pubblica la *plaquette In una strada di Firenze* e, sul primo numero di *Ragionamenti* di settembre-ottobre, scrive un saggio su Leo Spitzer, dal titolo *Critica stilistica e storia del linguaggio*. Legge intanto gli scritti di Auerbach, Maurice Merleau-Ponty e Lucien Goldmann del quale tradurrà, nel 1961, 'Le dieu caché', continua a tradurre Brecht e scrive i versi *A Boris Pasternak*.

Il 2 gennaio del 1956 scrive a Pasolini, che era stato accusato di 'oscenità' per il romanzo *Ragazzi di vita*, offrendo la sua testimonianza di critico. Sempre nel mese di gennaio inizia il XX Congresso del Partito comunista sovietico e le notizie che pervengono creano forti emozioni: *'Ricordo* - egli scrive - *che quando da non so quale oratore è stato fatto il nome di Antonov-Ovseenko, cioè della persona che aveva ricevuto nelle sue mani la capitolazione del governo provvisorio al momento della presa del Palazzo d'Inverno e che poi era stato una delle vittime di Stalin, noi abbiamo capito (...) che qualcosa di straordinario stava avvenendo'.*

In febbraio Fortini incontra Brecht a Milano in occasione della rappresentazione dell'*Opera da tre soldi* al Piccolo Teatro di Milano con la regia di Giorgio Strehler e a marzo viene aperta su 'Il contemporaneo' un'inchiesta sulla cultura di sinistra che suscita una forte polemica coinvolgendo intellettuali e politici e nella quale egli interviene con un articolo intitolato *I politici intellettuali.*

A settembre è pubblicato in un supplemento di *Ragionamenti* il testo di Fortini e Guiducci, *Proposte per una organizzazione della cultura marxista in Italia* che riprende l'argomento rivelato dalla polemica e cioè la richiesta di 'autonomia' degli uomini di cultura dalle direzioni culturali dei partiti, la loro auto-organizzazione all'interno del 'blocco storico' delle sinistre e il loro controllo degli strumenti di espressione culturale.

Il libro *Asia Maggiore* che esce in aprile è recensito su 'Rinascita' con una critica negativa e Fortini viene accusato di essere 'nemico del popolo cinese'. Il dattiloscritto *Dieci inverni*, che consegna a Gianni Bosio gli verrà restituito senza nemmeno essere sfogliato. Fortini intanto ha dato le dimissioni dalla Casa della Cultura.

La conoscenza e l'amicizia con Edgar Morin e Roland Barthes gli permettono di avviare, parallelamente a *Ragionamenti* e con una comune redazione, la rivista parigina *Arguments*. Il 19 ottobre del 1956 ha inizio la crisi polacca e il 23 dello stesso mese la rivolta a Budapest che viene seguita ora per ora dall'*Unità*. Il 31 dello stesso mese vi è l'intervento anglo-francese a Suez e il 4 novembre giunge la notizia dell'intervento sovietico. Risale a questo periodo la poesia *4 novembre 1956*: *'Il ramo secco bruciò in un attimo/Ma il ramo verde non vuol morire. / Dunque era vera la verità. / Soldato russo, ragazzo ungherese,/ non v'ammazzate dentro di me. / Da quel giorno ho saputo chi siete:/e il nemico chi è'.*

Tra la fine del 1956 e l'inizio del 1957 prosegue la collaborazione con *Officina* e l'intenso rapporto con Pasolini nell'ipotesi di un lavoro comune. Viene attaccato dal *Contemporaneo* per un intervento fatto su *Mondo operaio* dal titolo '*Organizzazione della cultura. Interpretazioni della 'intellighentsia ungherese'* e in seguito verrà più volte censurato dall''Unità'.

Nell'aprile dello stesso anno recensisce sull'*Avanti! Mythologies* di Barthes e pubblica su *Ragionamenti* la traduzione della *Poesia agli adulti* di Adams Wazyk.

Per l'editore Schwarz pubblica la traduzione di *Idee e opinioni* di Albert Einstein avvalendosi di Camillo Losurdo per la parte scientifica e un'edizione numerata di *Sestina a Firenze* con litografie di Ottone Rosai.

Nell'ottobre raccoglie una selezione degli scritti di un decennio di attività legato alla vita culturale e politica del paese che vanno dal periodo 1947-1957 che saranno pubblicati da Feltrinelli con il titolo *Dieci inverni.*

Contributo ad un discorso socialista.

Sull'*Avanti!* esce il 10 dicembre una recensione dell'opera firmata da Luciano Della Mea nella quale Fortini viene accusato di aver compiuto un errore di fondo nel parlare di divisione, all'interno del socialismo scientifico, del potere tra la politica e la cultura e tra i politici e gli intellettuali.

Roberto Guiducci interviene sullo stesso giornale in difesa del libro ma la recensione e il silenzio della dirigenza del Partito socialista fanno riflettere Fortini che decide di uscire dal PSI. Alla fine dell'anno restituirà la tessera del partito a Pietro Nenni.

[#] Il periodo da 1957 al 1962: un periodo di riflessione

Con la chiusura di *Ragionamenti* e l'interruzione alla collaborazione con l'*Avanti!*, ha inizio per Fortini un periodo di riflessione che lo allontanerà dall'impegno militante e lo avvicinerà maggiormente a quello letterario.

Scrive su *Officina* una serie di poesie e alcuni importanti saggi come quello sulla metrica e su Hugo Friedrich mentre 'La situazione' e 'Il Caffè' pubblicano alcuni suoi testi poetici.

Insieme ad un gruppo di giovani musicisti torinesi, tra i quali Sergio Liberovici, Fausto Amodei, Emilio Jona e Michele Straniero, partecipa al rinnovamento della 'canzonetta' e scrive testi per musica leggera tra i quali *Tutti amori* che viene musicata da Liberovici e che farà parte del repertorio del gruppo, nominatosi I

Cantacronache, insieme alla versione di *Fillette* di Quenéau e *Campane di Roma* che, a causa della censura per i versi 'lungo un divano/ del Vaticano/ seder vorrei/ con te, mio amor. . . ', non sarà mai eseguita.

Cura insieme a Libero Bigiaretti *Olivetti 1908-1958*, un volume che illustra i cinquant'anni dell'attività dell'Olivetti mentre nel lavoro di traduzione ha la prevalenza l'opera di Brecht del quale esce, nel 1958, la versione del 'Romanzo da tre soldi' e l'anno seguente 'Storie da calendario' e l'antologia 'Poesie e canzoni' con una sua introduzione. Sempre nel '58 continua con fervore l'opera di traduttore e le sue letture abbracciano ambiti diversi. Traduce opere di György Lukács e di Adorno, i saggi di Edmund Wilson, quelli di Francis Otto Matthiessen e del suo 'Rinascimento americano', del quale Pavese aveva voluto la traduzione, e in seguito si dedica ai formalisti russi, a Lévi-Strauss e Saussure oltre ai saggi di carattere storico di Needham sulla Cina e di Deutscher su Trockij.

[#] Il secondo libro di versi: *Poesia ed errore*

Nel 1959 Giorgio Bassani, allora direttore della 'Biblioteca di letteratura' di Feltrinelli lo consiglia nella strutturazione dell'antologia che raccoglie la sua produzione letteraria dal 1937 al 1957 e che uscirà con il titolo *Poesia ed errore* da Feltrinelli; nel frattempo cura per Garzanti l'antologia *Il movimento surrealista*.

Si altera intanto il rapporto con *Officina* e Fortini, in una lunga lettera, si confiderà con l'amico Pasolini scrivendo: '*C'è in me qualcosa che allontana la gente e mi impedisce l'amicizia. La cosa si ripete negli anni con tanta regolarità che non posso imputare gli altri. Ma riuscissi a capire cos'è ed a emendarmi*'. Il 31 maggio, dopo una correzione e un taglio senza essere avvisato di un suo articolo su Lukács, decide di lasciare *Officina* che con il numero del maggio-giugno chiuderà le pubblicazioni.

Riprende la sua collaborazione all'*Avanti!* con una serie di riflessioni dal titolo *Cronache della vita breve*, scrive l'introduzione ad un'antologia di poesie di Mao Tse-Tung e, sempre nel 1959, assume la direzione della collana 'Piccola Biblioteca Einaudi' dedicata alle opere scientifiche, storiche e sociologiche.

Alla fine del gennaio del 1960 la canzone di maggior successo di Fortini, *Quella cosa in Lombardia*, viene cantata in un *recital* al teatro Gerolamo da Laura Betti. Nello stesso anno muore Olivetti, che Fortini ricorderà in un breve articolo sull'*Avanti!*, e Noventa al quale dedicherà la poesia *Per Noventa*: *'Più d'ogni parola a me maestro/ per disperato orgoglio a falsi òmeni,/ vecchio, fingevi d'arrenderti. Io / ero lontano da te, coi tuoi versi'*.

Nel luglio dello stesso anno, dopo la manifestazione in piazza contro il governo Tambroni, parte con la moglie Ruth per l'URSS e il viaggio, compiuto in macchina, durerà un mese.

Di ritorno dal viaggio, su sollecitazione di Vittorini, pubblica un saggio su *Le poesie italiane di questi anni*, traduce *Zazie nel metrò* di Queneau e scrive il testo per il documentario *All'armi siam fascisti!* di Cecilia Mangini,

Lina Dal Fra e Lino Micciché.

Nel 1961 Fortini continua le traduzioni da Brecht e pubblica, sul secondo numero di *Rendiconti*, una serie di poesie tra cui *La gronda*. Sarà di quest'anno la sua partecipazione alla prima 'Marcia della pace', da Perugia ad Assisi, insieme a Solmi, Amodio, Calvino e Capitini e la composizione di una canzone che nella versione discografica prenderà il nome di *La marcia della pace*. Termina intanto l'esperienza della 'PBE' e Fortini rimane consulente dell'Einaudi ma senza uno specifico incarico editoriale.

Nel novembre, in seguito alla repressione da parte della polizia parigina di una manifestazione a favore dell'indipendenza algerina, rimprovera Barthes e altri intellettuali di aver assunto un atteggiamento distaccato rispetto agli avvenimenti e proprio con Barthes avrà un duro scambio epistolare.

In questi anni di 'occultamento politico', Fortini inizia un diverso ciclo di collaborazioni entrando in contatto con gruppi eterogenei di intellettuali, coloro che nel corso degli anni sessanta e settanta contribuiranno al rinnovamento della cultura italiana. Inizia a frequentare il gruppo di 'Quaderni rossi' e inizia la collaborazione alla rivista *Quaderni Piacentini* alla quale fornirà l'indirizzo per i primi numeri. Prosegue intanto la sua attività di recensore e di saggista sulla rivista *Il Menabò* e su quella di Vittorio Sereni, 'Questo e altro' dove continua la serie delle 'Cronache della vita breve'.

Il 26 gennaio del 1962 muore il padre e Fortini. Nei

mesi che seguono la sua scomparsa, Fortini riprende la *Poesia delle rose*, un poemetto di 144 versi originariamente scritto nel 1956, per pubblicarlo con la Libreria Antiquaria Palmaverde di Bologna di Roversi. Scrive intanto il testo, su richiesta di Paolo e Carla Gobetti, per il documentario 'Scioperi a Torino' che otterrà forti proteste sindacali oltre che il giudizio negativo di Italo Calvino che dissentiva da quello che gli sembrava un attacco da sinistra alle posizioni sindacali.

[#] Dal 1963 al 1987: una nuova svolta

Nel 1963, ottenuta la riammissione nei ruoli della Pubblica Istruzione, Fortini inizia la carriera d'insegnante. Ottiene i primi incarichi di Lettere italiane e Storia dapprima in alcuni istituti tecnici di Lecco e di Monza per poi approdare, nel 1966 a Milano. Il '63 è anche un anno importante per la storia dello scrittore: la casa editrice Mondadori, grazie a Sereni che ne è il direttore editoriale, pubblica la sua terza raccolta di versi *Una volta per sempre* che ottiene una buona attenzione da parte della critica. Ancora grazie a Sereni viene accolta nella collana 'Il tornasole' *Sere in Valdossola* e le edizioni Avanti! pubblicano *Tre testi per film* che comprendono 'All'armi siam fascisti', 'Scioperi a Torino' e 'La statua di Stalin'. Sempre nel 1963 è tradotta in tedesco per Suhrkamp un'antologia dei versi da 'Poesia ed errore' e 'Una volta per sempre' da Hans Magnus Enzensberger. Nel novembre termina il rapporto con Einaudi dopo varie proposte e controproposte di Giulio Bollati e di Giulio Einaudi riguardo alla sua funzione all'interno della casa editrice.

Con l'arrivo dell'estate del 1964 Fortini si trasferisce nella nuova casa di Bavognano di Ameglia che sarà da quel momento il luogo delle sue vacanze e quello che farà da sfondo a molte sue poesie, disegni e pitture. Traduce con Ruth per Feltrinelli *Poesie per chi non legge poesia* di Enzensberger e collabora a *Le muse. Enciclopedia di tutte le arti* di De Agostini. Pubblica su *Quaderni piacentini* e *Giovane critica* alcuni saggi e l'11 settembre inizia la traduzione del *Faust* di Goethe con la consulenza del germanista Cases.

Nel 1965 esce *Verifica dei poteri* dal Saggiatore e l'antologia *Profezie e realtà del nostro secolo* da Laterza, entrambi discussi e recensiti su molti periodici e quotidiani. Continua a ritmo intenso le letture più disparate e rimane colpito dal libro 'Gli strumenti umani' di Sereni, di cui scrive, nel marzo 1966 un'ampia recensione su 'I quaderni piacentini'. È di questo anno la polemica con le neoavanguardie che accusa di usare il sarcasmo come 'destrutturazione verbale dei miti borghesi'. Nel dicembre dello stesso anno viene sequestrato il disco *Le canzoni del no* di Maria Monti, che contiene 'La marcia della pace' (scritta in collaborazione con il cantautore torinese Fausto Amodei e lo scrittore subisce un processo dal quale verrà però presto assolto.

Nel 1966 pubblica *L'ospite ingrato. Testi e note per versi ironici* e all'inizio del 1967 pubblica la nuova edizione di *Foglio di via*. A Pasqua si reca a Praga con Zanzotto, Giudici e Sereni. Il 23 aprile partecipa ad una manifestazione per il Vietnam e viene criticato dagli organi di stampa del Partito comunista. Nell'estate, in seguito alla Guerra dei sei giorni, scrive *I cani del Sinai* che uscirà in autunno procurandogli 'isolamento e odi tenaci'.

Nel 1968 Fortini, pur continuando ad insegnare e a tradurre il Faust, è presente alle varie manifestazioni studentesche e nel momento di maggiore forza del Movimento studentesco pubblica su *Quaderni piacentini* il saggio *Il dissenso e l'autorità*. Sarà di questo periodo e proprio a causa delle lotte degli studenti e del loro scontro con la polizia la rottura definitiva con Pasolini alla fine di maggio. Alla tavola rotonda che si teneva a Roma organizzata da *L'Espresso* per l'intervento dello scrittore intitolato 'Il PCI ai giovani!!', Fortini legge privatamente all'amico il testo che aveva preparato per l'occasione nel quale affermava:'*Presente e futuro dei movimenti studenteschi. Tema troppo serio per parlarne qui. Non sono qualificato per farlo (. . .). Qui si deve discutere invece di una carta scritta da uno dei maggiori scrittori del nostro paese. //Il mio giudizio è di tristezza e di rifiuto'*. In *Attraverso Pasolini* Fortini scrive: '*. . . Ero davvero esasperato dal suo atteggiamento; ben più che per il testo a favore dei poliziotti, quel che trovavo insopportabile era di accettare lo sfruttamento pubblicitario, e la inevitabile trasformazione in volgare propaganda, di quel suo scritto'*.

Dopo gli scontri di Parigi tra poliziotti e studenti, dove c'è il primo morto, Fortini insiste con Pasolini per persuaderlo a non far registrare il suo intervento su L'Espresso, ma all'indomani il testo viene comunque pubblicato e Fortini interviene sullo stesso quotidiano, il 23 giugno, con un articolo contro Pasolini dal titolo *È come una carta acchiappamosche.*

Nel dicembre dello stesso anno pubblica *Ventiquattro voci per un dizionario di lettere. Breve guida ad un buon uso dell'alfabeto* e nello stesso mese, dopo la strage di Piazza Fontana, su richiesta degli studenti del liceo milanese tiene una lezione sullUomo a una dimensione *di Marcuse. Partecipa ai funerali di Pinelli a Musocco il 20 dicembre e il racconto di quell'evento comparirà nella seconda edizione dellOspite ingrato.*

Nel gennaio del 1969 è ripubblicata da Mondadori nella collana 'Lo specchio' la raccolta *Poesia e errore.* Contemporaneamente esce alle stampe la *plaquette Venticinque poesie 1961-1968.* In collaborazione con Augusto Vegezzi realizza una antologia destinata al biennio delle scuole superiori intitolata *Gli argomenti umani.* In questo periodo collabora poco alle riviste e dedica la maggior parte del tempo alla traduzione del Faust terminandone la versione nel 1970.

Il 21 gennaio 1970 Fortini partecipa ad una manifestazione indetta dal Movimento studentesco e dopo aver assistito in prima fila all'andamento degli scontri tra la polizia e gli studenti scrive per la Questura una *Testimonianza* dettagliata degli avvenimenti. A maggio Bucchi presenta, nel maggio Musicale di Firenze, la sua opera *Il coccodrillo* di cui fa parte la *Canzone della coesistenza* e Fortini scrive per l'autore la filastrocca *Il Pero e il però.*

Alla fine del 1970 verrà pubblicata da l'Universidad de Venezuela di Caracas, l'edizione in lingua spagnola di

Verifica dei poteri: Los poderes culturales. Nel giugno 1971 è tra i firmatari della lettera aperta pubblicata sul settimanale *L'Espresso* sul caso Pinelli.

Nel 1971 Fortini ottiene il premio 'Città di Monselice' per la traduzione letteraria del Faust e all'inizio di novembre tiene una lezione su Montale a Canterbury, all'Università del Kent.

Nel corso dell'anno ottiene la libera docenza e da metà novembre inizia ad insegnare alla Facoltà di Lettere e Filosofia presso l'Università di Siena, Storia della critica letteraria che inaugura con un corso monografico sulla poesia di Manzoni.

Risalgono al maggio del 1972 i versi *Per Serantini* scritti per un giovane anarchico che era stato ucciso a Pisa dalla polizia durante una manifestazione: *'A quelli che lo hanno ucciso/ il governo ha benedette le mani con un sorriso'.* Accetta in seguito di essere iscritto come indipendente nella lista elettorale del Manifesto, al quale collabora dall'anno precedente, per le elezioni legislative. Il capolista è Pietro Valpreda, l'anarchico accusato della strage di Piazza Fontana.

[#] Il quarto libro di versi: *Questo muro*

In agosto si reca per la seconda volta in Cina e al rientro viene a sapere dall'amico Sereni che la raccolta *Questo muro* uscirà presto nello 'Specchio' di Mondadori. Tiene intanto all'università il corso dedicato a 'La poesia italiana degli anni 1910-1925 nella critica letteraria del periodo 1950-1970'.

Nel giugno del 1973 esce la raccolta *Questo muro* che comprende i versi composti dal 1962 al 1972 e a luglio è pubblicato, nella collana monografica *Il castoro* della Nuova Italia, il primo studio approfondito sull'opera fortiniana dal titolo *Franco Fortini* di Alfonso Berardinelli.

Si intensifica intanto la collaborazione a *Il Manifesto* e nell'estate del 1974 escono *Saggi italiani* e l'antologia *Poesie scelte (1938-1973)* curata da Mengaldo. All'università tiene il corso dedicato a 'Simbolismo europeo e simbolismo italiano nella critica dello scorso trentennio', collabora alla rivista *aut aut* mentre interrompe la presenza su *Quaderni piacentini*.

Muore a novembre del 1975 Pier Paolo Pasolini e Fortini partecipa ai funerali amareggiato, come scriverà in seguito, per non essere riuscito a risolvere le loro ostilità e vincere il silenzio degli ultimi sei anni.

Con il 1976 inizia un periodo di intensa collaborazione al *Corriere della Sera* mentre ritorna a tradurre Brecht. Nell'estate di quello stesso anno viene girato il film di Jean-Marie Straub e Danièle Huillet *Fortini/cani*, dai *Cani del Sinai*. All'università tiene un interessante corso biennale su 'L'ordine e il disordine. Esempi di critica e di letteratura, in Italia e in Europa, nel periodo 1915-1925', nel quale analizza i testi di Croce, Gobetti, Gramsci, Ungaretti, Rebora, Onofri, Montale, Valéry, Šklovskij, Eliot, Breton, Trockij.

Risale al 1977 la seconda edizione, in collaborazione con Walter Binni, del *Movimento surrealista*, *I poeti del*

Novecento e la raccolta saggistica *Questioni di frontiera. Scritti di politica e di letteratura 1965-1977*. A novembre dello stesso anno, quando cambia la direzione del 'Corriere della Sera', Fortini interrompe la collaborazione. Intanto a Siena continua il corso dell'anno precedente discutendo nei seminari 'Un'idea di Dante' di Gianfranco Contini e 'Linguaggio e silenzio' di Steiner.

Nel maggio del 1978 si reca in Inghilterra per tenere una conferenza all'Università del Surrey, a Brighton, dal titolo *Dei confini della poesia* e nello stesso anno vengono tradotte da Michael Hamburger una scelta di poesie tratte da 'Una volta per sempre' e 'Questo muro' mentre Einaudi raccoglie i suoi primi tre libri di poesia sotto il titolo *Una volta per sempre. Poesie 1938-1973.*

Nel 1979 prosegue in modo assiduo la collaborazione al *Manifesto* ma un suo saggio pubblicato sui *Quaderni piacentini* a proposito di *Doppio diario* di Giaime Pintor suscita molte polemiche determinando la frattura con Luigi Pintor direttore de 'Il Manifesto' e il rapporto termina bruscamente. Lavora ad un saggio su Noventa, tiene il corso all'università dedicato alle principali teorie della letteratura e in Francia, per i 'Cahiers du cinéma' esce 'Les chiens du Sinai' nell'edizione Albatros con la versione francese dei 'Cani del Sinai'.

Nel febbraio del 1980 è pubblicata la *plaquette Una obbedienza,* con l'introduzione di Andrea Zanzotto e durante l'estate esce la raccolta di saggi *Per Franco Fortini. Contributi e testimonianze sulla sua poesia* con gli interventi di Alberto Asor Rosa, Cesare Cases, Mario Luzi, Mengaldo, Giovanni Raboni e Vittorio Sereni.

Nei primi mesi del 1981 è a Parigi per preparare un corso su Manzoni e frequenta assiduamente la Bibliothèque Nationale. Si reca in seguito in Inghilterra e per qualche giorno è a Cambridge e a Londra. Nell'aprile dello stesso anno subisce una perquisizione da parte della Questura nella casa di via Legnano per le indagini in corso sulla 'lotta armata' senza alcun risultato e da ottobre, terminata la collaborazione a 'Il Messaggero', riprende quella con il 'Corriere della Sera'. Scrive *Un vero veduto dalla mente* su richiesta di Walter Binni, un testo autobiografico per le 'Notizie e dichiarazioni di scrittori (1911-1917)' raccolte per la 'Rassegna della letteratura italiana' e inizia a tradurre Milton.

Nel 1982 continua la collaborazione con il 'Corriere della Sera' diretto da Alberto Cavallari e a giugno dello stesso anno pubblica una scelta delle proprie versioni poetiche intitolata *Il ladro di ciliegie e altre versioni di poesia* mentre lavora alle traduzioni dei racconti di Kafka e dei versi giovanili di Proust.

Nel 1983 muore l'amico Sereni e a lui lo scrittore dedica sul 'Corriere della Sera' *Un dialogo che non è finito*. Lavora intanto a una *Storia della traduzione dal 'Conciliatore' a oggi* e ad un'introduzione a Michelet. A novembre, in occasione dell'invasione da parte dell'esercito degli Stati Uniti dell'isola di Grenada, scrive sul 'Corriere della Sera' l'articolo *Quei morti strascinati con la faccia in giù* che suscita aspre critiche.

[#] Il quinto libro di versi: *Paesaggio con serpente*

Nel gennaio del 1984 tiene una serie di

conversazioni sulla Radio della Svizzera Italiana su autori e poeti italiani e ad aprile dello stesso anno esce il quarto libro di poesie intitolato *Paesaggio con serpente*.

Invitato da Bruce Merry come *visiting professor* all'Università di Witswatersrand, Johannesburg, si reca a maggio in Sudafrica dove rimarrà fino a giugno tenendo lezioni e seminari su Leopardi, Dante, Lukács.

Al rientro in patria interrompe la collaborazione con il *Corriere della Sera* e inizia quella con *Panorama*. Intanto continua le letture, pubblica una serie di versi destinati ad una nuova edizione dell''Ospite ingrato' e realizza una *plaquette* intitolata *Memorie per dopodomani* nella quale raccoglie tre scritti del 1945, 1967 e 1980.

All'inizio del 1985 pubblica *Insistenze. Cinquanta scritti 1967-1984* e da aprile inizia a collaborare al *L'espresso*. In giugno gli è assegnato il premio Montale-Guggenheim per la raccolta di poesie *Paesaggio con serpente*. In ottobre muore Calvino e Fortini pubblica su *L'espresso* il ricordo intitolato *Quel che ci unisce, quel che ci divise*. Viene intanto pubblicato dall'editore Marietti *L'ospite ingrato primo e secondo*.

Tra gennaio e marzo del 1986 si reca più volte a trovare i detenuti per reati politici nel carcere di San Vittore e in primavera è a Palermo per il premio Mondello. Giunge intanto il momento della sua messa fuori ruolo come docente e l'Università di Siena organizza in quella occasione un seminario intitolato 'Metrica e biografia. La ricerca poetica, critica e ideologica di Franco Fortini'. Esce nel frattempo *La lotta mentale. Per un profilo di Franco Fortini* di Romano Luperini, importante punto di riferimento della bibliografia su Fortini poeta e intellettuale. In occasione del convegno su Giacomo Noventa che si tiene a Venezia e a Noventa di Piave, Fortini pubblica in forma di *pre-print* un saggio scritto nel '79-80 intitolato *Note su Giacomo Noventa*. Esce intanto la plaquette *I confini della poesia* e il testo della prolusione tenuta nel dicembre del 1981 all'Università di Siena: *La poesia ad alta voce*.

A novembre viene invitato a Lione da Remi Roche e Bernard Simeone per una conferenza e vengono intanto pubblicate, da Simeone e Jean-Charles Vegliante, poesie tradotte in francese con il titolo *Une foìs pour toutes. Poésie 1938-1985*, che include lo scambio epistolare tra Fortini e Roche. Alla fine dell'86 Einaudi pubblica la sua traduzione di *Nella colonia penale e altri racconti di Kafka.*

[#] Il periodo dal 1987 al 1990: il recupero degli scritti e l'opera della critica

Esce nel luglio del 1987 una nuova serie di saggi sulla letteratura italiana dal titolo *Nuovi Saggi italiani* e a settembre una raccolta di versi scartati dalle prime due raccolte insieme ad inediti con il titolo *Versi primi e distanti 1937-1957*. In novembre si reca in Canada e negli Stati Uniti dove tiene una conferenza di teoria della letteratura alla Harvard University e a Toronto seminari e letture. Al rientro in Italia riprende la collaborazione con il *Corriere della Sera* e inoltre collabora all'*Espresso* e al *Manifesto* mentre procede al recupero di prove narrative disperse e inedite. A novembre esce la seconda monografia ad opera di Remo Pagnanelli.

Nel gennaio del 1988 compie un viaggio con la moglie Ruth nei Grigioni e ad aprile si reca in Israele a trovare la figlia adottiva Livia che vi abita da un anno. In quell'occasione scrive un racconto dal titolo *Un luogo sacro* che sarà raccolto nel 1990 in *Extrema ratio*. Alla fine di maggio, nell'ambito dei festeggiamenti per il ritiro dall'insegnamento universitario, si inaugura a Siena una mostra intitolata 'Franco Fortini: cinquant'anni di lavoro' e viene proiettato il film con la regia di Riccardo Putti 'E vorreste non parlassero...' Sempre nell'ambito dei festeggiamenti vengono pubblicati in suo onore da Luperini una miscellanea di saggi intitolata *Tradizione/ traduzione/ società*. Saggi per Franco Fortini, mentre a cura di Carlo Fini esce *Indici per Fortini*, che contiene la bibliografia degli scritti, la guida ai soggetti dell'opera saggistica, una notizia biografica, l'antologia e la bibliografia della critica.

Nel 1989 Einaudi pubblica la nuova edizione di *Verifica dei poteri* che contiene una premessa scritta alla fine dell'88. A maggio chiude definitivamente con il 'Corriere della Sera' a causa di uno scontro con il direttore Ugo Stille che non vuole pubblicare un suo intervento sulla politica dello Stato d'Israele nei confronti della Palestina. L'articolo su Israele e Palestina uscirà con il titolo *Lettera agli ebrei* sul 'Manifesto' il 24 maggio. Il 12 settembre viene pubblicato sul supplemento satirico 'Cuore' dell''Unità' il testo 'Comunismo' scritto in seguito alla caduta del muro di Berlino.

[#] Gli ultimi anni: 1990-1994

In questo periodo Fortini continua a collaborare al *Manifesto* e all'*Espresso* e dal giugno 1992 al supplemento della domenica del *Sole 24 ORE*. Fino al 1992 ritorna ogni anno a Siena per tenere seminari e lezioni ai corsi di Storia della critica letteraria tenuti da Giuseppe Nava.

Nell'inverno tra il 1989 e il 1990, tiene a Napoli una serie di 4 seminari dal titolo 'Realtà e paradosso della traduzione poetica', organizzata dall'Istituto di Studi Filosofici per iniziativa del Professore Gargano, dei cui atti esce un'edizione universitaria depositata presso gli Archivi dello University College London (2004), a cura di Erminia Passannanti, tuttora inedita in Italia.

Nel febbraio del 1990 si reca a Napoli per un seminario sulla traduzione presso l'Istituto superiore di studi filosofici e a maggio partecipa a Siena ad un convegno dal titolo '1960-1990: le teorie letterarie, il dibattito metodologico e il conflitto delle poetiche'. Nello stesso anno si reca a Londra per una lettura di poesie e durante l'estate lavora sul Tasso. A novembre Garzanti pubblica *Extrema ratio. Note per un buon uso delle rovine* e nel febbraio del 1991 esce, a cura di Paolo Jachia in stretta collaborazione con Fortini stesso, *Non solo oggi. Cinquantanove voci*, che estrae dai saggi e articoli una specie di dizionario fatto di parole-chiave del suo lavoro intellettuale.

Nel 1992 compie durante l'anno alcuni viaggi per partecipare ad importanti convegni: ad aprile è a Toronto, a fine giugno a Dublino, nell'ottobre, dopo Vienna, è a Cracovia e a novembre a Lugano.

Nel 1993, sempre curato dal giovane critico Jachia, esce *Fortini. Leggere e scrivere* che ripercorre in forma di colloquio, dall'infanzia in poi, le letture e le passioni intellettuali dello scrittore. Nell'aprile dello stesso anno viene pubblicato da Einaudi *Attraverso Pasolini* che comprende una piccola parte dell'opera ideata anni prima e annunciata come 'in preparazione', opera che uscirà postuma. A giugno viene ricoverato d'urgenza all'Ospedale Fatebenefratelli di Milano per un intervento oncologico. Il 5 ottobre viene dimesso e dopo un breve periodo ad Ameglia rientra a Milano.

[#] Il sesto libro di versi: *Composita solvantur*

A febbraio del 1994 viene pubblicato il suo sesto e ultimo libro di poesie dal titolo *Composita solvantur*. A novembre è ricoverato all'Ospedale Sacco di Milano, dove muore la notte del 28.

BIBLIOGRAFIA SELETTIVA

Opere di Franco Fortini

Poesia

Fortini, Franco, *Foglio di via e altri versi*, Einaudi, Torino 1946.
– *Una facile allegoria,* Edizioni La meridiana, Milano 1954.
– *In una strada di Firenze*, Linea Grafica, Milano 1955.
– *I destini generali*, Sciascia, Caltanisetta-Roma 1956.
– *Sestina a Firenze,* Schwarz, Milano 1957.
– *Poesia ed errore*, Feltrinelli, Milano 1959, Sec. ed. Mondadori, Milano 1969.
– *Poesia delle rose*, Libreria antiquaria Palmaverde, Bologna 1962.
– *Una volta per sempre*, Mondadori, Milano 1963.
– *L'ospite ingrato. Testi e note per versi ironici*, I ed.: De Donato, Bari 1966, II ed.: Marietti, Casale Monferrato 1985.
–*Questo muro*, Mondadori, Milano 1973.
– *Poesie scelte (1938-1973)*, Mondadori, Milano 1974.
– *Una obbedienza,* Edizioni S. Marco dei Giustiniani, Genova 1980.
– *Paesaggio con serpente*, Einaudi,Torino 1984.
– *Versi primi e distanti 1937-1957*, All'insegna del Pesce d'Oro, Milano 1987.
– *Versi scelti: 1939-1989*, Einaudi, Torino 1990.
– *Summer is not all*, per la traduzione e cura di Paul Lawton, Carcanet, Manchester 1992.
– *Composita solvantur*, Einaudi, Torino 1994.

Saggistica, narrativa e diaristica

Fortini, Franco, *Agonia di Natale*, Einaudi, Torino 1948.
– *Asia Maggiore*, Viaggio nella Cina, Einaudi, Torino 1956.
– *Dieci inverni*, (1947-1957) *Contributi a un discorso socialista*, Feltrinelli, 1957, De Donato, Bari 1974.
– *Il movimento surrealista*, Garzanti, Milano 1959, 1977, 1991.
– *Sere in Valdossola*, Mondadori, 1963, Marsilio, 1985.
– *Verifica dei poteri*: *saggi di critica e di istituzioni letterarie*, Il saggiatore, Milano 1965, sec. ed. accresciuta, Garzanti, Milano 1974, [ristampa Einaudi, Torino 1989].
– *Profezie e realtà del nostro secolo*, *Testi e documenti per la storia di domani*, Laterza, Bari 1965.
– *I cani del Sinai,* I ed.: De Donato, Bari 1967, II ed.: Einaudi, Torino 1979.
– *Ventiquattro voci per un dizionario di lettere*, Il saggiatore, Milano 1968.
– *Giovanni e le mani*, (*Agonia di Natale,* II edizione), Einaudi, Torino 1972.
– *Saggi italiani*, I ed.: De Donato, Bari 1974, II ed.: Garzanti, Milano 1987.
– *I poeti del Novecento*, Laterza, Bari 1977.
– *Questioni di frontiera, Scritti di politica e letteratura,* 1965-1977, Einaudi, Torino 1977.
– *Memorie per dopo domani*, Tre scritti 1945, 1976, 1980, Taccuini di Barbablù, Siena 1984.
– *Insistenze*, *Cinquanta scritti, 1976-1984*, Garzanti, Milano 1985.
– *Note su Giacomo Noventa: 1979-80*, Marsilio,Venezia 1986.

– *Dei confini della poesia,* Edizioni l'Obliquo, Brescia 1986.
– *La poesia ad alta voce*, Taccuini di Barbablù, Siena 1986.
– *Nuovi saggi italiani*, Garzanti, Milano 1987.
– *Le cena delle ceneri e Racconto fiorentino*, Claudio Lombardi Editore, Milano 1988.
– *La morte del cherubino*, racconto 1938, Taccuini di Barbablù, Siena 1988.
– *Extrema ratio, Note per un buon uso delle rovine*, Garzanti, Milano 1990.
– *Diario tedesco*, Manni, Lecce 1991.
– *Attraverso Pasolini,* Einaudi, Torino 1993.
– *Franco Fortini e Paolo Jachia in conversazione*, Nardi Editore, Firenze 1993.

Traduzioni in volume

Flaubert, G., *Un cuore semplice,* Edizioni Lettere d'oggi, Roma 1942, n. ed.: Casini, Roma 1969.
Ramuz, C. F., *Statura umana, I ed.:* Edizioni di Comunità, Milano 1947, II ed.: Città Armoniosa, Reggio Emilia 1979.
Èluard, P., *Poesia ininterrotta,* Einaudi, Torino 1947, n. ed.: 1962, 1982.
Kierkegaard, S., *Timore e tremore,* I ed.: Edizioni di Comunità, Milano 1948, II ed.: Newton, Roma 1976, 2000.
Döblin, A., *Addio al Reno,* (in coll. Con Ruth Leiser), I ed.: Einaudi, Torino 1949, II ed.: *Novembre 1918. Una rivoluzione tedesca;* v. I: *Borghesi e soldati.* Einaudi, Torino 1982.

Gide, A., *Viaggio al Congo e ritorno dal Ciad,* I ed.: Einaudi, Torino 1950, 1988, II ed.: Longanesi, 1969.
Brecht, B., *Santa Giovanna dei Macelli,* (in coll. Con Ruth Leiser), Einaudi, Torino 1951, 1966, 1979.
Brecht, B., *Madre Coraggio e i suoi figli,* (in coll. Con Ruth Leiser), Einaudi, Torino 1951, 1963, 1969, 1972, 1977, 1981.
Proust, M., *Albertine scomparsa,* Einaudi, Torino 1951, 1975. [in Marcel Proust, *Alla ricerca del tempo perduto,* vol. VI: *La fuggitiva]* n. ed.: M. Proust, *Alla ricerca del tempo perduto;* a cura di M. Bongiovanni Bertini, vol. VI: *La fuggitiva,* 1978 e 1981, vol. III, Rist.: Mondadori, Milano 1962, 1965.
Weil, S., *L'ombra e la grazia,* I ed.: Edizioni di Comunità, Milano 1951, II ed.: Rusconi, 1983, 1985.
Weil, S., *La condizione operaia;* introduzione di A. Thévenon, Edizioni di Comunità, Milano 1952, 1965.
Proust, M., *Jean Santeuil,* I ed.: Einaudi, Torino 1953, 1976, II ed.: Mondadori, 1970, 1978, 1984.
Weil, S., *La prima radice. Preludio ad una dichiarazione dei doveri verso la creatura umana,* Edizioni di Comunità, Milano 1954, 1973, 1980.
Èluard, P., *Poesie. Einaudi,* Torino, Einaudi, Torino 1955, 1966, 1981, II ed.: Nuova Accademia, Milano 1962, III ed.: Mondadori, Milano 1969.
Goethe, W., *Goetz von Berlichingen,* (in coll. Con Ruth Leiser), in *Teatro tedesco dell'età romantica,* Edizioni RAI, Torino 1956, 1962.
Einstein, A., *Idee e opinioni,* Schwarz, Milano 1957.
Brecht, B., *Il romanzo da tre soldi,* (in coll. Con Ruth Leiser), Einaudi, Torino 1958.

– *Storie da calendario* in: B. Brecht, *Gli affari del Signor Giulio Cesare e Storie da calendario,* Einaudi, Torino 1959, 1972.

– *Poesie e canzoni*, (a cura di R. Leiser), Einaudi, Torino 1959, n. ed. 1961.

Queneau, R., *Zazie nel metro,* I ed.: Einaudi, Torino 1960, 1981, II ed.: Mondadori, Milano 1964.

Enzensberger, H. M., *Poesie per chi non legge poesia. Trenta poesie*, (in coll. Con Ruth Leiser), Feltrinelli, Milano 1964.

Goethe, W., *Faust,* Mondadori, Milano 1970, 1980, 1982.

Brecht, B., *Poesie di Svendbong seguite dalla Raccolta Steffin,* Einaudi, Torino 1976, 1977.

Il ladro di ciliegie, e altre versioni di poesia, Einaudi, Torino 1982.

Proust, M., *Poesie,* Einaudi, Torino 1983.

Kafka, F., *Nella colonia penale e altri racconti*, Einaudi, Torino 1986.

Weil, Simone, *La condizione operaia*, traduzione di Franco Fortini, introduzione di Roberto Morpurgo, Mondadori, Milano 1990.

Opere postume

Fortini, Franco, *Profezie e realtà del nostro secolo*, Laterza, Bari 1995.

– *Breve secondo Novecento*, 36 autori contemporanei, Manni 1996.

– *Poesie inedite*, Einaudi, Torino 1997.

– *Disobbedienze. Gli anni dei movimenti: scritti sul Manifesto*, 1972-1985/1985-1994, Manifestolibri, Roma 1997.

– *Le rose dell'abisso, Dialoghi sui classici italiani*, Bollati Boringhieri, Torino 2000.
– *Disegni Incisioni Dipinti. Catalogo ragionato della produzione pittorica e grafica di Franco Fortini*, a cura di Enrico Crispolti, Quodlibet, Macerata 2001.
– *I cani del Sinai*, Quodlibet, Macerata 2002.
– *Un dialogo ininterrotto. Interviste 1952-1994*, a cura di Velio Abati, Bollati Boringhieri, Torino 2003.
– *Saggi ed epigrammi*, a cura di Luca Lenzini, Collana I meridiani, Mondadori, Milano 2003.
– *Un giorno o l'altro*, Quodlibet, Macerata 2006.

Selezione di studi critici su Fortini

AA. VV., *Per Franco Fortini. Contributi e testimonianze sulla sua poesia*, ed. Carlo Fini, Liviana, Padova 1980. Saggi di A. Asor Rosa, G. Barberi Squarotti, R. Barzanti, C. Cases, G. C. Ferretti, C. Fini, C. Garboli, G. Gronda, M. Luzi, G. Magrini, P. V. Mengaldo, G. Raboni, V. Sereni, W. Siti.
AA. VV., *Tradizione, traduzione, società, Saggi per Franco Fortini*, a cura di Romano Luperini, Editori Riuniti, Roma, 1989.
AA. VV., "Fortini o la contraddizione del poeta", *Uomini usciti di pianto in ragione*, a cura di Giuseppe Nava,, in *Manifesto libri*, Roma 1996, pp. 97-111.
Asor Rosa, Alberto, "Alla ricerca dell'artista borghese", in *Intellettuali della classe operaia*, La Nuova Italia, Firenze 1973.
– *Il Potere e la critica*, in "Rinascita", 20 ottobre 1978.
Berardinelli, Alfonso, *Fortini*, La Nuova Italia, Firenze 1973.
– *L'esteta e il politico*, Einaudi, Torino 1986.

– *L'eroe che pensa*, Einaudi, Torino 1997.
Bonoldi, G., *Poesia in Italia, 1945-1975*. Mozzi Editore, Milano 1975.
Borghello, Giampaolo, "Fortini e Lukács", e "Fortini; il senno di poi", in *Linea rossa*. Marsilio, Venezia 1982, pp. 68-78, e pp. 245-303.
Calenda, Corrado, "Di alcune incidenze dantesche in Franco Fortini", in *Dante in the Twentieth Century*, Dante University of America Press, Weston, Mass. 1982, pp. 84-89.
Carini, Vincenzo, Di Girolamo, Costanzo, "Franco Fortini". *Belfagor* n. 32, 1977, pp. 281-310.
Cases, Cesare, "Fortini politico", in *Patrie lettere*. Liviana, Padova 1974, pp. 151-57. Ristampa: Einaudi, Torino 1987.
Ceccarelli, Luciana, "Il coraggio di esistere: la Poesia delle rose di Fortini", "Paragone", n. 388, 1982, pp. 54-77.
Cesarani, Remo. "Sonati sono i corni di Fortini", *Belfagor*, n. 32, 1983, pp. 467-72.
De Michelis, C., "Il coraggio riparlare delle rose. Ovvero l'astuzia delle colombe", "Angelus Novus", n. 1, 1964, pp. 72-81.
Ferretti, Gian Carlo, "Franco Fortini e la critica del presente". "Rinascita", 18 maggio 1985, n. 20.
Fini, Carlo, *Indici per Fortini*, scritti di Carlo Fini, Luca Lenzini, Pia Mondelli, con due contributi di Franco Fortini, Le Monnier, Firenze 1989.
Forgacs, David, *"Franco Fortini"*, in *Writers and Society in contemporary Italy*, Warwickshire, Leamington 1984.
Lenzini, Luca, *Il poeta di nome Fortini*, Manni Editore, Lecce 1999.

Luperini, Romano, in *Il Novecento*, Loecher, Torino 1981.
– *La lotta mentale. Per un profilo di Franco Fortini,* Editori Riuniti, Roma 1986.
Mazzoni, Guido, Forma e solitudine: un'idea della poesia contemporanea, Volume 13, Marcos y Marcos, 2003.
– *Sulla poesia moderna*, Marcos y Marcos, 2005.
Passannanti, Erminia, *Poem of the roses. Linguistic expressionism in the poetry of Franco Fortini*, Troubador, Leicester 2004.
Pasolini, Pier Paolo, *Passione e ideologia*, Garzanti, Milano 1960.
Nava, Giuseppe, *Le ragioni dell'altro: il carteggio Calvino-Fortini*, *L'ospite ingrato*, Annuario del Centro Studi Fortini, Siena 1998, pp. 119-134.
– *Lettere*, 1955-1975, Einaudi, Torino 1988.
Pedullà, Walter, "L' 'apocalittico' Fortini tentato dal dialogo", in *La letteratura del benessere*, Libreria Scientifica Editrice, Napoli 1968, ristampa: Bulzoni, Roma 1973.
Peterson, Thomas, *The Ethical Muse of Franco Fortini*, University Press of Florida, Gainesville 1997.
Pullega, Paolo, *La comprensione estetica del mondo, saggio sul giovane Lukács*, Cappelli Editore, Bologna 1983.
Raboni, Giovanni, "Franco Fortini", in *Novecento*, Milano 1982.
– "Franco Fortini", in *Storia della letteratura italiana*, Garzanti, Milano 1987, t. II.
Sabbatino, Pasquale, *Gli inverni di Fortini*, Edizioni Bastogi, Foggia 1981.
Vittorini, Elio, "Letteratura del no", in *Le due tensioni*. Il saggiatore, Milano 1967.

Zanzotto, Andrea, “Zanzotto su Fortini”, in *L’Immaginazione*, Lecce 1985, pp. 6-7.

Erminia Passannanti è autrice tra gli altri dei seguenti volumi: *The Sacred Transgressed* (Brindin Press, 2010), *Il Cristo dell'Eresia. Rappresentazione del sacro e censura nei film di Pier Paolo Pasolini* (Joker, 2009). Un suo precedente studio sul cinema del dissenso ha titolo *Il Corpo & il Potere. Salò o le 120 Giornate di Sodoma di Pier Paolo Pasolini* (Troubador, 2005). Ha pubblicato, inoltre, *Poem of the Roses. Linguistic Expressionism in the Poetry of Franco Fortini* (Troubador, 2005), *Senso e semiotica in Paesaggio con Serpente* (Brindin Press, 2004), *Scrittura saggistica, dizione lirica e traduzione poetica nell'opera di Franco Fortini* (Brindin Press, 2004).

Ha curato e pubblicato insieme a Rossella Riccobono la silloge *Vested Voices. Literary Transvestism* (Troubador, 2006). Ha curato la traduzione di opere in lingua inglese, tra cui: *Emily, Charlotte e Anne Brontë, Poesie* (Ripostes, 1989); Leonard Woolf, *A caccia di intellettuali* (Ripostes, 1990); Hubert Crackanthorpe, *Racconti Contadini* (Guerini e Associati, 1991, a cura di Franco Buffoni); *Gli Uomini sono una beffa degli angeli: Poesia britannica contemporanea* (Ripostes, 1993, con una co-prefazione di Blake Morrison); R. S. Thomas, *Liriche alla svolta di un millennio* (Manni, 1998), *Poesia del dissenso. Poesia italiana contemporanea* (Troubador/Joker, 2004-2006).

Già vincitrice di tre edizioni di premi nazionali di poesia, "Laura Nobile (1993, 1995), "Davide Maria Turoldo" (2003), nel dicembre del 2011, ha vinto il primo premio per la sezione "Saggistica" del Concorso nazionale "Franco Fortini", indetto da Poiein (Sondrio).

PRIMA EDIZIONE. BRINDIN PRESS
FINITO DI STAMPARE NEL FEBBRAIO DEL 2012
SALISBURY . ENGLAND – UK

www.ingramcontent.com/pod-product-compliance
Ingram Content Group UK Ltd.
Pitfield, Milton Keynes, MK11 3LW, UK
UKHW041934190726
13854UKWH00004B/1594